Cancer Prédictions et Rituels 2025

Alina Rubi

Publié indépendamment

Tous droits réservés © 2025

Astrologa : Alina Rubi

Commissaires : Alina Rubi et Angeline Rubi

rubiediciones29@gmail.com

Aucune partie de cet annuaire 2025 ne peut être reproduite ou transmise sous quelque forme ou par quelque moyen électronique ou mécanique que ce soit. Y compris la photocopie, l'enregistrement ou tout autre système de stockage et de récupération d'informations, sans l'autorisation écrite préalable de l'auteur.

Qui est le cancer ?	11
Personnalité Cancer	12
Horoscope général du Cancer	15
Amour	17
Économie	19
À tes souhaits	20
Dates importantes	21
Horoscope mensuel 2025 du Cancer	23
Janvier 2025	23
Numéros porte-bonheur	24
Février 2025	25
Numéros porte-bonheur	26
Mars 2025	27
Numéros porte-bonheur	27
Avril 2025	28
Numéros porte-bonheur	29
Mai 2025	30
Numéros porte-bonheur	31
Juin 2025	32
Numéros porte-bonheur	33
Juillet 2025	34
Numéros porte-bonheur	35
Août 2025	36
Numéros porte-bonheur	37

Septembre 2025 37
Numéros porte-bonheur 38
Octobre 2025 39
Numéros porte-bonheur 40
Novembre 2025 41
Décembre 2025 43
Numéros porte-bonheur 43
Les cartes de tarot, un monde énigmatique. 44
    Le Monde, Tarot pour le Cancer 2025 47
Couleur porte-bonheur 48
    Cancer 50
Porte-bonheur 51
Quartz porte-bonheur pour 2025 54
    Cancer du quartz chanceux /2025 58
Compatibilité du Cancer et signes du zodiaque 60
Cancer et vocation 75
Les meilleurs métiers 75
Signaux avec lesquels vous ne devriez pas trader 75
Signes de partenariat avec 76
Dates chanceuses pour se marier en 2025 : 77
Jours de chance pour les rituels 2025 78
Guides spirituels et protections énergétiques 85
Traumatismes et blessures du passé 87
Autosabotage énergétique 87
Schémas négatifs de pensées enracinées 88
Purifie l'énergie 90

Nettoyage énergétique de l'énergie sexuelle 90

Rituel énergétique pour briser le cordon énergétique sexuel 93

Méthode #1. Briser le cordon énergétique de l'énergie sexuelle 95

Méthode #2. Briser le cordon énergétique de l'énergie sexuelle 96

Méthode #3. Briser le cordon énergétique de l'énergie sexuelle 97

Nettoyage énergétique des vêtements 101

Comment augmenter nos vibrations énergétiques. 104

L'Aura 109

I Chakra 111

Calendrier de la pleine lune 2025 113

Qu'est-ce que la prospérité ? 114

Énergie propre d'ici 2025 117

Salle de bain pour ouvrir vos chemins 2025 117

Nager avec de la chance 118

Retrait du bloc sanitaire 118

Salle de bain pour apporter de l'harmonie à la maison 119

Bain contre l'envie 119

Se baigner contre la négativité 119

Salle de bain pour attirer l'argent 120

Bain de malédiction 121

Bain aphrodisiaque 122

Bain de beauté 123

Salle de bain pour retrouver énergie et vitalité 123

Se baigner pour attirer l'amour 124

Salle de bain pour obtenir de l'argent rapidement 124

Bain pour la prospérité matérielle 125

Bain pour la paix spirituelle 125

Salle de bain pour se protéger de l'envie 126

La salle de bains pour attirer le succès 127

Heureusement salle de bain instantanée 128

Bain chanceux 129

La salle de bains doit être attrayante 130

Salle de bain pour retrouver un amour 130

Bain pour éliminer le mauvais œil 131

Se baigner pour attirer l'abondance 132

Rituels du mois de janvier 133

Rituel pour l'argent 133

Sort pour la bonne énergie et la prospérité 134

par amour 135

Sort pour faire penser à vous 136

Rituel de santé 137

Sortilège pour préserver la bonne santé 137

Rituels du mois de février 140

Rituel avec du miel pour attirer la prospérité. 140

Pour attirer un amour impossible 141

Rituel de santé 142

Rituels du mois de mars..144

Rituel à l'huile pour l'amour 145

Sort pour améliorer la santé 145

Rituels du mois d'avril 147
Rituel pour moi de t'aimer seulement 148
Sort contre la dépression 149
Aphrodisiaque africain 150
Menthe 151
Ail 153
Rituels du mois de mai 155
Sort pour attirer votre âme sœur 156
Rituel de santé 157
Rituels du mois de juin 158
Rituel pour attirer plus d'argent. 158
Rituel pour consolider l'amour 159
Rituels du mois de juillet 161
Édulcorant gitan 162
Se baigner pour être en bonne santé 163
Rituels du mois d'août 164
Rituel pour l'argent 164
Sort pour se transformer en aimant 165
Bain de santé 165
Bambou 166
Citrouille 167
Eucalyptus 168
Persil 169
Laurier 169
Rituels du mois de septembre 171
Sortilège d'amour au basilic et au corail rouge 172

Rituel de santé	172
Rituels du mois d'octobre	174
Rituel pour assurer la prospérité	174
Sortilège pour se soumettre dans l'amour	175
Bain de persil pour la santé.	175
Nettoyage énergétique avec un œuf	176
Rituels du mois de novembre	180
Rituel pour l'union de deux personnes	182
Purification de l'énergie chamanique	183
Rituels pour le mois de décembre	185
Rituel de trésorerie	185
Sort pour séparer et attirer	186
Sort pour augmenter votre santé	187
Qu'est-ce qu'une cure énergétique ?	189
Types de serrures électriques	192
Bloc aurique	192
Blocage des chakras	192
Blocage émotionnel	194
Blocage mental	194
Blocage des méridiens	195
Bloc spirituel	195
Verrouillage des relations	196
Bloquer les vies antérieures	196
Attaques d'énergie	197
Câbles d'alimentation	205
Le mauvais œil, les malédictions et l'envie	215

Possession psychique 216
Connexions psychiques 217
Anime 218
Symptômes d'une crise d'énergie...219
Système d'immunité énergétique 220
    Les pyramides et les purifications énergétiques 221
    Matériaux de la pyramide 223
    Les couleurs des pyramides..224
    Recommandations importantes sur les pyramides 226
    Les pyramides ne fonctionnent pas : 227
    Comment purifier et attirer les énergies positives avec les pyramides..227
À propos de l'auteur..231
Bibliographie 234

Qui est le cancer ?

Date : 22 juin au 22 juillet

Jour : Lundi

Couleur : Blanc, Argent

Élément : Eau

Compatibilité : Taureau, Poissons

Symbole :

Mode : Cardinal

Polarité : Femelle

Planète dominante : Lune

Boîtier : 4

Métal : argent

Quartz : pierre de lune, perle, quartz rose,

Constellation : Cancer

Personnalité Cancer

L'intelligence émotionnelle du Cancer est  incomparable, c'est un signe extrêmement empathique. Ils ont une intuition aiguë, c'est pourquoi ils sont les plus protecteurs de tout le zodiaque, c'est pourquoi ils sont protecteurs par excellence.

Ils sont toujours attentifs et prêts à répondre aux besoins des autres, quitte à se mettre à l'arrière-plan.

Il est émotif et affectueux, amical et sait se montrer prudent lorsque nécessaire. Ils aiment leur maison et leurs enfants, leur maison est comme un nid, un refuge où ils peuvent aller quand le stress les submerge.

Ils ont une excellente mémoire, en particulier pour les événements personnels et les souvenirs d'enfance qu'ils sont capables de se rappeler dans les moindres détails. Ils vivent conditionnés par leurs souvenirs du passé et leur imagination de l'avenir.

Ce sont d'excellents fournisseurs et travaillent mieux lorsqu'ils sont laissés seuls sans que personne n'essaie de les aider dans leur travail au travail.

Ils traitent leur travail de la même manière qu'ils traitent leur maison. Ils protègent leur statut professionnel et occupent souvent des postes importants. Ils sont loyaux, s'attendent à ce qu'ils soient loyaux et traitent leurs employés comme des membres de leur famille.

Ils aiment recevoir de nombreux compliments des autres, sont ambitieux, sont facilement offensés et sont évoqués dans de nombreuses situations où il n'y a aucune raison de le faire.

Ce sont de très bons traders, ils aiment l'argent, ils ont leurs économies et personne ne sait combien ils ont. Ils sont un peu méfiants lorsqu'il s'agit de commencer une relation amoureuse, ils font très attention à cette situation parce qu'ils ont peur d'être blessés, c'est pourquoi ils ne se laissent pas emporter par leurs sentiments ou leurs passions, car ils doivent d'abord s'assurer qu'ils sont avec la bonne personne pour tout risquer, Parce qu'ils donnent leurs sentiments, leur confiance et leur amour sans réserve.

Ils sont très détaillés et romantiques, quand ils ont un partenaire, ils ne permettent à personne de se mettre en travers de leur relation, pas même de leur donner des conseils sur la façon de la gérer ou ce qui est le mieux à tout moment.

Horoscope général du Cancer

Les marées cosmiques de l'année 2025 promettent d'être une période transformatrice et enrichissante  pour le Cancer. Cette année, les planètes vous offrent des opportunités de croissance et d'harmonie. Les étoiles vous réservent de grandes surprises. Votre vie connaîtra de grands changements et de nombreuses opportunités pour votre croissance professionnelle, vos rencontres amoureuses et vos voyages. Cependant, l'année présente également certains défis, en particulier pendant les périodes d'éclipse. Il est nécessaire d'aborder ces changements avec une approche optimiste.

Les alignements planétaires vous amèneront à avoir un équilibre entre l'amour et votre profession. Vous devrez faire face à des conflits difficiles à gérer. Cependant, c'est le moment idéal pour avoir des conversations, que vous avez évitées, avec votre partenaire.

C'est une année d'introspection émotionnelle et de création de liens profonds et significatifs. C'est littéralement une invitation astrale à embrasser votre profondeur émotionnelle. Tout cela vous obligera à naviguer dans vos sentiments avec courage et résilience. Votre empathie et votre intuition innées vous guideront à travers n'importe quelle adversité.

Embrassez l'énergie transformatrice des éclipses et utilisez des périodes de réflexion pour approfondir votre conscience de soi et nourrir votre croissance personnelle. Vous êtes une puissante force de sagesse émotionnelle, et les planètes conspirent pour vous aider à cultiver une vie d'auto-compensassions profonde.

L'année sera un peu mouvementée pour vous car elle commence avec Mars rétrograde dans votre signe jusqu'au 23 février. Mars peut vous apporter beaucoup d'énergie, mais rétrograde apporte de la frustration. Recherchez des éruptions cutanées saines pour le stress.

Les pleines lunes amplifieront votre énergie émotionnelle et peuvent créer plus de défis. Les nouvelles lunes vous obligeront à faire les bons choix.

D'ici la fin de l'année, vous serez prêt à commencer votre recherche d'une maison ou à y emménager officiellement.

Amour

Les Cancers dans les relations engagées connaîtront une année de profonde intensité émotionnelle. Les éclipses provoqueront des changements ou des ajustements dans vos relations. Si vous êtes célibataire, votre charisme vous permettra d'attirer plus facilement des partenaires potentiels qui apprécient votre empathie. Cependant, il est important que vous fassiez attention à ne pas devenir possessif.

2025 est une période de romance, où vous ferez l'expérience d'une intimité et d'une connexion plus profondes avec votre partenaire idéal. Cupidon sera votre bras droit et vos passions profondes.

Pour certains, un ami proche peut devenir leur partenaire.

Une communication efficace est essentielle à la survie de vos relations, en particulier pendant les périodes rétrogrades de Mercure. Lorsque la colère, la jalousie ou le ressentiment surgissent, acceptez-le pour ce qu'il est, mais explorez aussi sous la surface. Sinon, vous ne ferez que réparer des coupures superficielles et ne pourrez jamais guérir les plaies les plus importantes. Pendant que vous réfléchissez, consacrez quelques cellules cérébrales pour mieux comprendre pourquoi cette personne vous chassera de votre esprit.

Pluton aura un impact sur votre zone émotionnelle tout au long de l'année, et vous serez en mesure de prendre vos liens émotionnels au sérieux ou de renforcer ceux existants.

Nouvelles lunes vous feront vous sentir totalement compréhensif envers vos proches. Les pleines lunes vous rendront plus romantique et affectueux. Baissez votre garde et montrez vos sentiments. Donner le meilleur de soi-même est le secret pour vivre éternellement dans l'amour.

Si vous êtes célibataire, la solitude peut vous donner la tranquillité d'esprit, mais assurez-vous de ne pas vous isoler. Les promenades dans la nature, en particulier près de l'eau, peuvent vous donner le repos dont vous avez besoin.

Économie

Votre caractère assidu commencera à porter ses fruits cette année. Continuez à mettre en place des systèmes pour travailler efficacement et sécuriser votre revenu de base. Vous pouvez toujours rembourser une dette, mais vous vous en sortirez rapidement.

Les opportunités afflueront à proximité des éclipses. Profitez-en pour montrer votre créativité sur les réseaux sociaux ou collaborer avec quelqu'un et démarrer une entreprise. Vous pouvez voyager dans plusieurs villes au cours de cette année ou travailler avec des clients de différentes parties du monde.

Concentrez-vous sur la construction d'une base stable et l'achèvement d'un projet que vous avez en attente. Il est essentiel que vous soyez patient et que vous planifiiez très bien les choses. Sa sensibilité inhérente et son souci du détail lui seront très utiles cette année.

Les cancers vont booster leur profession en 2025, rappelez-vous que des chemins non conventionnels vous mèneront à vos objectifs. Cette année, il sera très motivé, il est donc sûr de réussir. Mars vous poussera et vous donnera l'énergie et le pouvoir de rester au sommet.

Trouvez des personnes dont les compétences complètent les vôtres, puis synchronisez vos superpouvoirs.

Les chambres vont vous aimer durant cette année. Si vous ne vous sentez pas à l'aise devant un objectif, faites ce que votre panneau fait de mieux : pratiquer vers la perfection.

Mercure rétrograde peut vous causer des problèmes financiers, il est important que vous soyez conscient de votre économie et que vous preniez des décisions intelligentes avec votre argent. Les pleines lunes se concentrent sur la finalisation des plans financiers, la suppression des blocages et la libération de certaines ressources. Nouvelles lunes peuvent vous aider à gagner de l'argent d'une manière que vous avez déjà fait auparavant.

À tes souhaits

Prenez soin de vos os, de votre peau et de vos dents. Consultez un chiropraticien, un dermatologue ou un dentiste cette année. Mettez-vous les mains dans le cambouis avec la prévention. Si on vous a dit de vous tenir debout ou d'utiliser la soie dentaire, faites-le. Le lien entre l'alimentation et votre humeur sera évident, vous devez modifier votre alimentation, opter pour des aliments anti-inflammatoires ou essayer le jeûne intermittent.

Les multivitaminés, ou suppléments naturels, garantiront que la bonne nutrition atteint vos cellules. Les éclipses provoqueront des changements liés à votre santé, vous devez donc réévaluer votre mode de vie. Dix Il est très important de stresser et de rester à l'écart des tensions. Pendant les périodes de rétrogradation de Mercure, votre santé peut être affectée d'une manière ou d'une autre. Le stress sera le problème qui vous hantera le plus au cours de l'année en raison du surmenage. Prenez soin de votre système digestif, évitez les aliments qui causent la gastrite.

Dates importantes

13 janvier - Pleine Lune en Cancer

24 février – Fin de la rétrogradation de Mars en Cancer

8 juin – Mercure entre en Cancer

9 juin - L'entrée de Jupiter dans le Cancer

21 juin - Entrée du soleil (solstice d'été)

25 juin – Nouvelle lune en Cancer

31 juillet - Vénus entre dans votre signe

11 novembre – Début de la rétrogradation de Jupiter en Cancer

Horoscope mensuel 2025 du Cancer

Janvier 2025

Le secret de son succès ? Leur sensualité, bien sûr, mais aussi leur sensibilité et leur capacité à sympathiser avec les besoins des autres. Ce sera particulièrement vrai ce mois-ci.

Même sur le plan professionnel, vous pouvez vous attendre à de grands succès, même s'il faudra certainement un peu de patience pour récolter les fruits de vos efforts.

Quoi qu'il en soit, la confiance que vous montrez joue en votre faveur. Ne changez pas votre formule gagnante !

En amour, vous ferez bien. Ce sera un mois heureux en amoureux. Si vous avez un partenaire, c'est le bon mois pour vous marier ; Si vous êtes déjà marié, c'est le bon moment pour avoir des enfants, car vous bénéficiez d'une fertilité inhabituelle.

Si vous êtes seul, vous avez de fortes chances de trouver un partenaire, vous savez très bien ce que vous voulez, donc quand cette personne se présentera, vous la reconnaîtrez. Vous voulez quelqu'un d'aussi intelligent et empathique que vous. Vous voulez qu'ils parlent votre langue. Si un projet a été interrompu, il est déverrouillé. Vous aurez beaucoup de créativité artistique.

Numéros porte-bonheur
6, 12, 18, 26, 33

Février 2025

Ce mois-ci, vous devrez contrôler votre personnage, pour éviter de vous disputer avec votre famille. Essayez de parler avec affection et calme. Ils ne sont pas vos ennemis.

Cela peut trouver son âme sœur. Si c'est le cas, c'est peut-être la pièce manquante pour le compléter. Lorsque vous serez avec cette personne, vous vous sentirez complet pour la première fois de votre vie. Gardez les pieds sur terre lorsque vous commencez cette relation.

Votre cerveau libère certaines de vos idées les plus créatives ; Gardez donc un stylo et du papier à portée de main pour noter ce que vous pensez. Transformez-le en quelque chose de tangible et commencez à travailler pour en tirer le meilleur parti possible.

Après le 12, ne laissez pas quelqu'un qui ne veut pas vous voir bien interférer dans votre vie personnelle, cette personne a peut-être généré de l'envie en vous sans raison apparente ; Alors, ne vous inquiétez pas de faire plaisir à ceux qui ne vous aiment pas.

Votre relation manque de passion, et l'autre personne s'en sort. Ils ne vous diront probablement rien, mais vous le remarquerez à leurs attitudes.

Dans la finance et les affaires, vous devrez être trop prudent à la fin du mois.

Numéros porte-bonheur
3, 11, 14, 18, 29

Mars 2025

Vous avez une grande capacité à vous battre pour ce que vous voulez, et vous avez jeté votre dévolu sur quelqu'un en particulier, prenez la peine de le conquérir, vous verrez qu'à la fin tout ira bien.

C'est un mois spécial pour prendre des décisions importantes concernant l'argent, vous avez une somme économisée et il est temps d'en faire quelque chose. Il est recommandé de faire un petit investissement qui vous permet de multiplier cet argent en peu de temps. Vous découvrirez une nouvelle activité que vous n'avez pas encore explorée.

Ne laissez pas les gens qui vous doivent de l'argent le garder, c'est bien de récupérer ce que vous avez, même si vous n'êtes pas intéressé à entrer en conflit avec les autres pour de l'argent.

Prenez soin de votre corps ce mois-ci, vous abusez de vos heures de repos. Vous négligez également des nutriments importants qui peuvent vous aider à avoir plus d'énergie.

Numéros porte-bonheur
24, 25, 30, 31, 34

Avril 2025

Ce mois-ci, vous devriez commencer à être plus présent dans votre maison, les personnes qui vivent avec vous peuvent commencer à en vouloir à votre absence, essayez de partager avec vos proches, vous ne le regretterez pas.

C'est un bon mois pour l'amour, si vous êtes célibataire, il est probable que quelqu'un commencera à vous parler et vous donnera des signes d'intérêt au-delà de la simple amitié, n'ayez pas peur d'explorer vos sentiments.

Vous vivrez un moment romantique avec la personne que vous aimez, vous préparerez un dîner romantique, votre partenaire vous remerciera et ce sera bon pour vous deux et cela renforcera l'amour que vous avez, vous ne le regretterez pas.

Un imprévu vous donnera le courage de prendre des décisions liées à votre qualité de vie et à celle de votre famille, il faut bien réfléchir à ce que vous allez faire.

À la fin du mois, il y aura des imprévus au travail. Si vous parvenez à les gérer correctement, votre prestige professionnel grandira aux yeux de vos patrons. Tout est une question de volonté et de persévérance, et vous avez beaucoup de ces qualités.

Numéros porte-bonheur
2, 11, 12, 13, 23

Mai 2025

Un très bon mois pour ceux qui veulent réorganiser leur maison, vous aurez le temps de tout repeindre comme bon vous semble.

C'est un mois idéal pour profiter de la famille et des gens que vous aimez, vous n'avez pas à penser que vous aurez toujours tout le temps du monde à partager avec eux.

Ce mois-ci, vous devrez faire un investissement d'argent de manière inattendue, n'ayez aucun regret, vous le récupérerez en un rien de temps.

Vous devez être conscient des signes de l'amour, il n'est pas bon d'être sans compagnie pendant si longtemps, il n'est pas bon de s'habituer au rythme de la vie de célibataire, vous pouvez prendre beaucoup d'affection pour ce statut.

Vous n'êtes pas prudent dans votre travail, cela peut vous surprendre, probablement une erreur que vous avez commise il y a longtemps en montre les conséquences. Ne vous inquiétez pas car vous serez en mesure de surmonter n'importe quel obstacle. Il suffit de temps et de patience. Le problème est que cette situation générera un sentiment de défaite et que vous courrez le risque de dépression. Ne soyez pas pessimiste et évitez de vous tourmenter.

Numéros porte-bonheur
11, 13, 22, 23, 24

Juin 2025

Ce mois-ci, vous devriez commencer à prendre des mesures concrètes pour obtenir ce que vous voulez, si vous ne vous engagez pas, il n'y aura pas de récompense.

Vous aurez probablement une réunion d'affaires qui implique de partager des idées et des solutions avec d'autres personnes qui essaient d'atteindre le même objectif que vous. Vous devez avoir la capacité d'écouter l'opinion de chacun et d'exposer vos pensées, de respecter et vous serez respecté.

Vous aurez de grandes nouvelles sur l'argent après le 19, ce sera une très bonne chose, faites-vous plaisir et donnez quelque chose à votre famille.

À la fin du mois, vous trouverez du temps pour réfléchir et des opportunités de changement. Profitez-en pour cultiver votre patience et trouver la clarté dans n'importe quelle situation. Même si vous ne vous sentez pas au plus haut niveau d'inspiration, ayez confiance que cette période passera et que vous reviendrez à votre état de concentration et de créativité.

En amour, ce sera une période de décisions importantes. Si vous avez été confronté à une déception, prenez le temps de réfléchir à vos sentiments et à vos priorités.

Numéros porte-bonheur
4, 26, 27, 32, 35

Juillet 2025

Ce mois-ci, vous aurez de nombreuses occasions de faire progresser votre économie, mais vous saurez comment en profiter ou les laisser passer. Ne paniquez pas, car des rumeurs de licenciements vont circuler au travail. Cependant, rien de tout cela ne devrait vous inquiéter, car vous bénéficierez d'une protection spéciale qui vous protégera de tout désagrément.

En amour, la femme est là depuis longtemps, vous voulez mettre fin à votre relation amoureuse, mais de peur de blesser cette personne qui a été si bonne avec vous, vous avez décidé de garder le silence. Les planètes vous conseillent de ne pas laisser la culpabilité vous immobiliser. Si vous ne ressentez plus d'amour, vous devriez leur dire. S'il a été bon avec vous, il mérite une raison de plus d'être sincère. Utilisez votre liberté pour décider ce que vous voulez faire de votre vie.

Vous devez être très attentif aux signaux que le destin vous donnera concernant quelque chose d'important que vous n'avez pas fait. Vous ne devez pas baisser les bras face à ce que vous ne pouvez pas gérer. Vous devez réfléchir à la façon dont vous devrez gérer l'argent que vous avez en ce moment, vous avez eu des dépenses imprévues, ne laissez pas la vie vous mettre à rude épreuve dans cette affaire.

Numéros porte-bonheur
4, 7, 9, 26, 29

Août 2025

Ce mois-ci, vous pouvez utiliser votre imagination et votre créativité pour créer quelque chose de merveilleux. Vous devez retourner à votre centre pour trouver la paix dont vous avez besoin. Vous devez garder à l'esprit qu'il n'est pas toujours possible de réaliser tout ce que vous avez prévu de faire dans le temps que vous souhaitez.

Il est important que vous sachiez saisir les opportunités qui se présentent à l'horizon, elles sont un peu loin, mais ne laissez pas les obstacles continuer à vous ralentir.

En amour, vous devriez quitter les activités habituelles, les échanger contre des choses excitantes pour pimenter votre relation. Si vous avez du mal à communiquer avec votre partenaire, vous devez vous asseoir avec lui et lui dire ce qui vous arrive calmement et respectueusement.

Il y a une guerre en cours et il n'y a aucun moyen de l'éviter. Il y a de fortes chances que vous soyez dans la ligne de mire. Essayez de vous mettre dans un endroit où vous avez une vue complète du sujet à tout moment. Il y a de fortes chances que quelqu'un veuille vous rendre la vie difficile, cette aversion que cette personne a pour vous est quelque chose de courant sur le lieu de travail.

Numéros porte-bonheur
8, 19, 22, 26, 34

Septembre 2025

Ce mois-ci, le manque de communication efficace peut entraîner des malentendus, des ressentiments et des éloignements dans votre relation amoureuse. Cela se produit parce que vous ne savez pas comment exprimer vos besoins, que vous n'écoutez pas ou que vous avez recours à des critiques constantes. N'oubliez pas que ne pas savoir comment aborder les discussions de manière constructive peut entraîner du ressentiment et rendre difficile la résolution des problèmes. Il est encore temps. Essayez de comprendre le point de vue de l'autre personne sans la juger. Parlez de vos sentiments, de vos craintes et de vos attentes à propos de l'argent sans vous blâmer les uns les autres, et établissez un budget réaliste qui comprend tous vos revenus et dépenses. Si vous agissez de manière impulsive et que vous ne vous arrêtez pas pour faire cette planification, vous pouvez payer un prix élevé.

Si vous vous sentez découragé, n'oubliez pas que l'activité physique est un excellent antidépresseur naturel et aide à réduire le stress. Essayez d'obtenir vos heures de sommeil, car le manque de sommeil peut augmenter le stress. Assurez-vous de dormir suffisamment chaque nuit et de maintenir une alimentation équilibrée. Limitez votre consommation de caféine et d'alcool. Ces substances augmentent l'anxiété et rendent le sommeil difficile.

Numéros porte-bonheur
10, 14, 22, 31, 36

Octobre 2025

L'énergie astrale de ce mois-ci suggère une trahison imminente. Même si la vie lui a donné des moments de grande joie, il arrive un moment où la confiance d'un proche peut être sérieusement compromise. Un secret caché peut être mis en lumière, vous causant une profonde déception, ou un acte ou une omission peut vous amener à remettre en question la loyauté de quelqu'un en qui vous avez entièrement confiance.

Cependant, les planètes indiquent qu'un tournant inattendu dans votre situation financière est à venir. Soyez prêt à recevoir un afflux d'argent qui pourrait changer vos plans après le 19 de ce mois. Un membre de votre famille, un ami ou une connaissance peut vous surprendre, ou l'argent que vous pensiez avoir perdu peut réapparaître de manière inattendue. Votre chance peut faire un virage à 180°.

Vous déciderez probablement d'acheter un animal de compagnie ou d'en adopter un. Les animaux de compagnie apportent de nombreux avantages à notre santé physique et mentale, prendre soin d'un animal nous apprend la responsabilité, l'empathie et la patience.

Vous ressentirez probablement une profonde douleur émotionnelle à cause de la perte d'un être cher, ressentirez une grande absence dans votre vie et un sentiment de vide.

Numéros porte-bonheur
2, 16, 21, 31, 32

Novembre 2025

Ce mois-ci, la perte de confiance et d'excitation dans votre relation peut vous causer une profonde tristesse et désolation. Vous pouvez avoir peur de faire confiance à quelqu'un à nouveau et développer des insécurités dans vos relations futures.

Au travail, toutes vos actions seront affectées par un événement soudain. Vous serez trop distrait et risquez de faire des erreurs. Il est conseillé de se concentrer sur ce que vous faites pour éviter des complications avec vos patrons dues à votre négligence. Ne laissez pas les événements passés, ou les traumatismes de l'enfance, commencer à apparaître, vous avez tout de votre côté pour pouvoir gérer tout ce qui vous arrive.

Quelqu'un a besoin de vous parler de toute urgence. C'est une personne qui cherche des conseils, ou vos conseils, sur quelque chose que vous faites en tant que travail, si vous pouvez offrir vos services pour le faire sans crainte.

Ce mois-ci, vous voudrez acheter une voiture. Recherchez un véhicule qui répond à vos besoins quotidiens. Privilégiez la sécurité et le confort. On peut vous dire que votre enfant a des problèmes de désobéissance ou des difficultés à communiquer avec ses pairs ou ses enseignants.

Numéros porte-bonheur

5, 7, 11, 18, 25

Décembre 2025

Ce mois-ci, votre esprit aventureux vous encouragera à sortir de votre zone de confort et à explorer de nouvelles opportunités d'emploi. Grâce à votre capacité à vous connecter avec les autres, à votre ouverture d'esprit et à votre esprit, vous avez le potentiel de réussir dans une grande variété de domaines.

Essayez d'équilibrer l'aventure avec la stabilité dans votre vie amoureuse. Bien que vous aimiez explorer de nouvelles expériences, vous avez également besoin d'un sentiment de sécurité dans votre relation. Gardez vos intérêts et vos amitiés en dehors de la relation.

Après le milieu du mois, lorsque vous choisissez la tenue de vacances parfaite, votre esprit vagabondera vers les destinations exotiques potentielles que vous pourriez visiter si la chance vous sourit et que vous gagnez un prix de loterie.

Fixez-vous des objectifs ambitieux et élaborez des stratégies détaillées pour atteindre vos objectifs pour 2026 en faisant preuve de détermination et de persévérance.

Numéros porte-bonheur
4, 5, 25, 28, 32

Les cartes de tarot, un monde énigmatique.

Le mot Tarot signifie « voie royale », c'est une pratique ancienne, on ne sait pas exactement qui a inventé les jeux de cartes en général, ni le Tarot en particulier ; Il y a les hypothèses les plus diverses à ce sujet. Certains disent qu'il est originaire de l'Atlantide ou d'Égypte, mais d'autres croient que le tarot est venu de Chine ou d'Inde, de l'ancienne terre des gitans, ou qu'il est venu en Europe par les Cathares.

Le fait est que les cartes de tarot distillent le symbolisme astrologique, alchimique, ésotérique et religieux, à la fois chrétien et païen.

Jusqu'à récemment, certaines personnes évoquaient le mot « tarot » : il était courant d'imaginer un gitan assis devant une boule de cristal dans une pièce entourée de mysticisme, ou de penser à la magie noire ou à la sorcellerie, aujourd'hui cela a changé.

Cette technique ancienne s'est adaptée aux temps nouveaux, a rejoint la technologie, et de nombreux jeunes s'y intéressent profondément.

Les jeunes se sont isolés de la religion parce qu'ils croient qu'ils ne trouveront pas la solution à ce dont ils ont besoin, ils ont réalisé la dualité de la religion, ce qui n'existe pas avec la spiritualité.

Sur tous les réseaux sociaux, vous trouverez des rapports dédiés à l'étude et aux lectures du tarot, car tout ce qui touche à l'ésotérisme est à la mode ; En fait, certaines décisions hiérarchiques sont prises en tenant compte du tarot ou de l'astrologie.

Ce qui est remarquable, c'est que les prédictions qui sont généralement liées au tarot ne sont pas les plus recherchées, ce qui est lié à la connaissance de soi et aux conseils spirituels est le plus demandé.

Le tarot est un oracle, à travers ses dessins et ses couleurs, nous stimulons notre sphère psychique, la partie la plus cachée qui va au-delà du naturel. Beaucoup de gens se tournent vers le tarot comme guide spirituel ou psychologique, car nous vivons dans des périodes d'incertitude et cela nous amène à chercher des réponses dans la spiritualité.

C'est un outil si puissant qu'il vous dit concrètement ce qui se passe dans votre subconscient afin que vous puissiez le percevoir à travers le prisme d'une nouvelle sagesse.

Carl Gustav Jung, le célèbre psychologue, a utilisé les symboles du tarot dans ses études psychologiques. Il a créé la théorie des archétypes, où il a découvert une grande quantité d'images qui aident à la psychologie analytique.

L'utilisation de dessins et de symboles pour faire appel à une compréhension plus profonde est souvent utilisée en psychanalyse. Ces allégories font partie de nous, elles correspondent à des symboles de notre subconscient et de notre esprit.

Notre inconscient a des zones sombres et lorsque nous utilisons des techniques visuelles, nous pouvons atteindre différentes parties de celui-ci et révéler des éléments de notre personnalité que nous ne connaissons pas.

Lorsque vous pouvez décoder ces messages à travers le langage imagé du tarot, vous pouvez choisir les décisions à prendre dans la vie pour créer le destin que vous désirez vraiment.

Le tarot avec ses symboles nous enseigne qu'il existe un Univers différent, surtout aujourd'hui où tout est si chaotique et où l'on cherche une explication logique à toutes choses.

Le Monde, Tarot pour le Cancer 2025

La carte Monde indique la fin d'un niveau, la fin d'une situation, et une fin mène toujours à un début. Une fin mène à un commencement et cela conduira à un changement.

Cette carte vous rappelle de surmonter vos dualités, conflits, antagonismes, contradictions, oppositions et divisions. Vous devez unir les forces opposées en vous, et pour qu'elles s'unissent, vous devez d'abord les accepter. Acceptez vos forces lumineuses et vos forces obscures. De cette façon, vous serez libre.
Elle est liée à la réussite due aux efforts fournis. Un signe du destin que le positif attire les choses bénéfiques.
El Mundo vous apportera beaucoup de choses positives en 2025, le succès et les voyages.

Couleur porte-bonheur

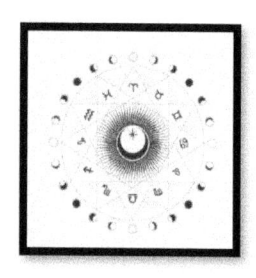

Les couleurs nous affectent psychologiquement ; Ils influencent notre appréciation des choses, notre opinion sur quelque chose ou quelqu'un, et peuvent être utilisés pour influencer nos décisions.

Les traditions pour accueillir la nouvelle année varient d'un pays à l'autre, et la nuit du 31 décembre, nous pesons tous les points positifs et négatifs que nous avons vécus au cours de l'année à venir. Nous avons commencé à réfléchir à ce que nous pouvions faire pour profiter de notre chance dans la nouvelle année qui approche.

Il existe plusieurs façons d'attirer des énergies positives vers nous lorsque nous accueillons la nouvelle année, et l'une d'entre elles est de porter ou de porter des accessoires d'une couleur spécifique qui attire ce que nous voulons pour l'année qui est sur le point de commencer.

Les couleurs ont des charges énergétiques qui influencent nos vies, il est donc toujours conseillé d'accueillir l'année habillé d'une couleur qui attire les énergies de ce que nous voulons réaliser.

Pour cette raison, il existe des couleurs qui vibrent positivement avec chaque signe du zodiaque ; Ainsi, la recommandation est de porter des vêtements à l'ombre qui attireront la prospérité, la santé et l'amour en 2025. (Vous pouvez également porter ces couleurs le reste de l'année pour des occasions importantes ou pour agrémenter vos journées.)

N'oubliez pas que même si la chose la plus courante est de porter des sous-vêtements rouges pour la passion, roses pour l'amour et jaunes ou dorés pour l'abondance, il n'est jamais inutile d'attacher la couleur qui profite le plus à notre signe du zodiaque à notre tenue.

Cancer

Pourpre

Le violet est une couleur vraiment puissante et intense.

Les gens réagissent au violet plus que vous ne le pensez. Cette couleur vous aidera à maintenir l'amour et la gentillesse.

Le violet est associé à la royauté, à la richesse et à la magie. C'est une couleur très puissante.

La couleur violette stimule la créativité, la spiritualité et l'indépendance.

Cette teinte majestueuse aura également un effet calmant sur votre public, les gens se sentiront plus calmes lorsqu'ils vous verront.

Le violet est une excellente couleur si vous avez un travail très stressant, car il réduit l'irritabilité. C'est une couleur qui apporte stabilité et énergie.

Il est associé à la sagesse et à la créativité et vous permettra également d'absorber la bonne énergie, la chance et l'abondance.

Porte-bonheur

Qui n'a pas une bague porte-bonheur, une chaîne que l'on n'enlève jamais, ou un objet que l'on ne donnerait pour rien au monde ? Nous attribuons tous un pouvoir particulier à certains objets qui nous appartiennent et ce caractère spécial qu'ils prennent pour nous en fait des objets magiques. Pour qu'un talisman agisse et influence les circonstances, il faut que son porteur ait foi en lui et cela le transformera en un objet prodigieux, capable d'accomplir tout ce qu'on lui demande.

Au sens courant, une amulette est tout objet qui promeut le bien comme mesure préventive contre le mal, le mal, la maladie et la sorcellerie.

 Les porte-bonheurs peuvent vous aider à passer une année 2025 pleine de bénédictions à la maison, au travail, avec votre famille, attirer de l'argent et la santé. Pour que les amulettes fonctionnent correctement, vous ne devez pas les prêter à quelqu'un d'autre et vous devez toujours les avoir à portée de main.

Les amulettes existent dans toutes les cultures et sont fabriquées à partir d'éléments de la nature qui agissent comme des catalyseurs pour les énergies qui aident à créer les désirs humains.

On attribue à l'amulette le pouvoir de conjurer les maux, les sortilèges, les maladies, les désastres ou de neutraliser les mauvais désirs projetés à travers les yeux d'autres personnes.

Cancer

Étoile.

Une étoile à cinq branches est un puissant talisman de protection qui protège son propriétaire des mauvaises énergies et des envieux. Ce pendentif vous offre non seulement une excellente protection, mais stimule également votre intuition.

Une étoile portée comme une amulette attire l'amour, la richesse et d'autres avantages. Porter une étoile vous aidera à surmonter les obstacles et à attirer ce que vous voulez avec facilité.

Cette amulette vous protégera de la sorcellerie, sera votre guide et vous conduira à la vérité qui vit en vous, révélant votre potentiel caché. L'étoile est une amulette qui vous servira pour le travail, l'argent, l'amour, la chance et la santé. Il symbolise la protection, attire la joie et transmute la malchance. Il donne du pouvoir et de l'autorité à ceux qui le portent autour du cou, et aussi beaucoup de sécurité.

Sa principale vertu est de protéger l'utilisateur de la magie noire. Cela signifie un changement positif, de la chance et de la prospérité.

Quartz porte-bonheur pour 2025

Nous sommes tous attirés par les diamants, les rubis, les émeraudes et les saphirs, ce sont évidemment des pierres précieuses. Les pierres semi-précieuses telles que la cornaline, l'œil de tigre, le quartz blanc et le lapis-lazuli sont également très prisées, car elles sont utilisées comme ornements et symboles de pouvoir depuis des milliers d'années.

Ce que beaucoup de gens ne savent pas, c'est qu'ils n'étaient pas seulement appréciés pour leur beauté – chacun avait une signification sacrée et que leurs propriétés curatives étaient tout aussi importantes que leur valeur ornementale.

 Les cristaux ont toujours les mêmes propriétés aujourd'hui, la plupart des gens connaissent les plus populaires tels que l'améthyste, la malachite et l'obsidienne, mais actuellement, il existe de nouveaux cristaux tels que le larimar, la pétaline et la phénakite qui sont devenus connus.

Un cristal est un corps solide avec une forme géométriquement régulière, les cristaux se sont formés lors de la création de la Terre et ont continué à se métamorphoser au fur et à mesure que la planète changeait, les cristaux sont l'ADN de la Terre, ce sont des entrepôts miniatures qui contiennent le développement de notre planète sur des millions d'années.

Certains ont été soumis à des pressions extraordinaires et d'autres ont grandi dans des chambres enterrées, d'autres ont ruisselé. Quelle que soit la forme qu'ils prennent, leur structure cristalline peut absorber, stocker, concentrer et émettre de l'énergie.

Au centre du cristal se trouve l'atome, ses électrons et ses protons. L'atome est dynamique et est composé d'une série de particules qui tournent autour du centre en mouvement continu, de sorte que même si le cristal peut sembler immobile, il s'agit en fait d'une masse moléculaire vivante qui vibre à une certaine fréquence et c'est ce qui donne au cristal son énergie.

Les pierres précieuses étaient une prérogative royale et sacerdotale, les prêtres du judaïsme portaient une cuirasse pleine de pierres précieuses qui était bien plus qu'un emblème pour désigner leur fonction, car elle transférait le pouvoir à ceux qui la portaient.

Les hommes utilisent les pierres depuis l'âge de pierre car elles avaient une fonction protectrice, protégeant le porteur de divers maux. Les cristaux d'aujourd'hui ont le même pouvoir et nous pouvons sélectionner nos bijoux non seulement en fonction de leur attractivité externe, mais les avoir près de nous peut augmenter notre énergie (cornaline), nettoyer l'espace autour de nous (ambre) ou attirer la richesse (citrine).

Certains cristaux tels que le quartz fumé et la tourmaline noire ont la capacité d'absorber la négativité, émettant une énergie pure et propre.

Porter une tourmaline noire autour du cou vous protège des fumées électromagnétiques, y compris celle des téléphones portables, une citrine attirera non seulement les richesses, mais vous aidera également à les préserver, elle vous placera dans la partie riche de votre maison (l'arrière le plus à gauche de la porte d'entrée).

Si vous êtes à la recherche de l'amour, les cristaux peuvent vous aider, placez un quartz rose dans le coin relationnel de votre maison (le coin arrière droit le plus éloigné de la porte d'entrée) son effet est si puissant qu'il cst conseillé d'ajouter une améthyste pour compenser l'attraction.

Vous pouvez également utiliser de la rhodochrosite, l'amour viendra à vous.

Les cristaux peuvent guérir et donner de l'équilibre, certains cristaux contiennent des minéraux connus pour leurs propriétés thérapeutiques, la malachite a une forte concentration de cuivre, le port d'un bracelet en malachite permet au corps d'absorber des quantités minimales de cuivre.

 Le lapis-lazuli soulage les migraines, mais si le mal de tête est causé par le stress, l'améthyste, l'ambre ou le turquoise placés sur les sourcils le soulageront.

Le quartz et les minéraux sont des joyaux de la terre mère, donnez-vous l'occasion et connectez-vous avec la magie qu'ils transmettent.

Cancer du quartz chanceux /2025

Pierre de lune. Utilisez la pierre de lune pour vous aider à avoir une vision claire de votre vie et pour vous aider à libérer les croyances limitantes et les barrières inconscientes afin que vous puissiez manifester consciemment vos désirs.

Tenez-le ou utilisez-le pendant que vous définissez vos intentions, tout en imaginant ce que vous voulez créer. Cela peut aider à stimuler votre processus créatif et à cristalliser votre vision.

Le Cancer est traditionnellement le signe associé à la pierre de lune. Le Cancer reflète l'essence yin nourrissante de la pierre de lune.

La pierre de lune vous aide également à vous endormir plus facilement en calmant l'insomnie et en permettant à votre corps de respirer facilement, de se reposer et de récupérer. Gardez une pierre de lune sous votre oreiller ou à côté de votre lit.

La pierre de lune est un outil merveilleux pour travailler avec les ombres car elle aide à apporter de la lumière à ce qui a été caché dans votre subconscient. Il offre un soutien enrichissant alors que vous creusez profondément pour réfléchir sur vous-même et chercher les réponses en vous-même. Gardez la pierre de lune près de vous pendant que vous faites ce travail, et elle encouragera une expression confiante, créative et douce des ombres que vous découvrez, et vous aidera à atteindre un lieu d'acceptation et de paix avec elles alors que vous apprenez à aimer ct à embrasser tout votre être.

Compatibilité du Cancer et signes du zodiaque

Le Cancer est un signe d'eau symbolisé par un crabe marchant entre la mer et son rivage, une capacité qui se reflète également dans sa capacité à mélanger les états émotionnels et physiques.

La perspicacité du Cancer qui vient de votre côté émotionnel se manifeste de manière tangible, et comme la confiance et l'honnêteté sont la clé de ce signe, il peut être un peu froid et distant au début.

Le Cancer révèle progressivement votre esprit doux, mais aussi votre compassion authentique et vos capacités psychiques. Si vous avez de la chance et que vous gagnez sa confiance, vous constaterez que malgré sa timidité initiale, il aime partager.

Pour cet amoureux, le partenaire est vraiment le meilleur cadeau et récompense les relations avec sa loyauté indéfectible, sa responsabilité et son soutien émotionnel. Il a tendance à être assez chaleureux et sa maison est un temple personnel, un espace où il peut exprimer sa personnalité.

Avec ses capacités domestiques, le crabe est aussi un hôte sublime. Ne soyez pas surpris si votre partenaire Cancer aime vous complimenter sur la nourriture faite maison, car il n'y a rien qu'il aime plus que la nourriture naturelle. Le Cancer se soucie aussi beaucoup de ses amis et de sa famille, il adore assumer des rôles de tuteur qui lui permettent de créer des liens passionnés avec ses compagnons les plus proches. Mais n'oubliez jamais que lorsque le cancer affecte une personne sur le plan émotionnel, vous risquez de brouiller la frontière entre le traitement et le contrôle.

Le Cancer a également une nature inconstante comme la Lune et une propension à l'instabilité. Le Cancer est le signe le plus sombre du zodiaque. Leurs partenaires doivent apprendre à apprécier leurs variations émotionnelles, et bien sûr, le Cancer a également besoin de contrôler leur sentimentalité.

Ses habitudes défensives ont un côté contrasté, et lorsqu'il se sent provoqué, il n'hésite pas à se mettre sur la défensive. Le Cancer doit se rappeler que les erreurs et les bagarres occasionnelles ne font pas de votre partenaire votre ennemi. En plus de cela, vous devez faire un effort énergique pour être présent dans vos relations.

Étant un signe émotionnel et introspectif, il est facile pour vous de vous replier sur vous-même la plupart du temps et si vous ne restez pas présent dans une relation, la prochaine fois que vous sortirez de votre coquille, votre partenaire ne sera peut-être plus à vos côtés. Le Cancer sait écouter et, une fois sorti de sa coquille, il est une éponge à émotions. Votre partenaire Cancer absorbera vos émotions, ce qui peut parfois vous soutenir, mais d'autres fois, elles peuvent être étouffantes. Il n'est pas facile de dire si le Cancer vous imite vraiment ou s'il a de l'empathie pour vous, mais parce qu'ils sont tellement interconnectés avec leur partenaire, il n'y a pas de différence.

Si le soutien émotionnel du Cancer entrave votre personnalité, il est préférable de le laisser partir. Ce signe très sensible est facilement contesté par l'opinion la plus subtile, et bien qu'il évite les conflits directs en marchant en biais, il peut également utiliser ses molaires.

Ce comportement insouciant et provocateur caractéristique est à prévoir, et il est rare de sortir avec le Cancer sans ressentir sa mauvaise humeur caractéristique au moins une fois.

En raison de la sensibilité du Cancer, il n'est pas facile de discuter avec lui, mais avec le temps, vous apprendrez quels mots dire et, peut-être plus important encore, ce qu'il faut éviter. Soyez conscient de ce qui dérange votre partenaire, et avec le temps, il deviendra plus facile d'avoir des dialogues difficiles. Il est important de savoir comment cette créature magique fonctionne dans ses meilleurs et ses pires moments. En fin de compte, la chose la plus importante à retenir est que le Cancer n'est jamais aussi détaché qu'il n'y paraît.

La chose la plus difficile avec le cancer est de traverser sa surface dure. Pour cette raison, la tolérance est essentielle lorsque l'on flirte avec le Cancer. Gardez un rythme lent et régulier, et au fil du temps, vous gagnerez en confiance pour révéler votre vrai moi. Bien sûr, cela peut être un processus long et compliqué, et la moindre erreur peut mettre le Cancer sur la défensive ; Par conséquent, deux pas en avant peuvent se transformer en un pas en arrière. Ne vous découragez pas, ce n'est pas personnel, c'est juste la physiologie d'un crabe.

Le Cancer peut avoir des rapports sexuels occasionnels, mais ce signe d'eau douce préfère les relations qui ont une intimité émotionnelle.

N'oubliez pas que le Cancer a besoin d'être complètement à l'aise avant de se débarrasser de son visage, ce qui est particulièrement important lorsqu'il s'agit de sexualité. Pour le Crabe, la confiance est alimentée par la proximité physique. Vous pouvez commencer à cultiver une relation sexuelle avec le Cancer en vous intégrant petit à petit, en tenant compte de leur rythme et de leurs caresses. Cela permettra au Cancer de se sentir plus à l'aise pour mélanger l'expression émotionnelle et physique, en s'assurant qu'il se sent protégé avant de commencer à faire l'amour.

Bien que le Cancer soit patient et ait tendance à être extrêmement loyal car il a besoin de se sentir protégé et compris par son partenaire, il peut rechercher l'intimité chez une autre personne s'il estime que ces exigences ne sont pas satisfaites.

Le cancer peut être très nocif, donc toute relation secrète sera calculée, et il faudra un crabe errant pour emporter sa malice dans la tombe, prendre des mesures supplémentaires pour empêcher la rencontre d'être découverte en enterrant les preuves au bord de la mer.

En fait, même le crabe le plus loyal aura des secrets, mais cela ne signifie pas qu'il est mauvais ou mauvais. Tout le monde mérite de garder certaines choses privées, et un peu de mystère ajoute une touche à la relation.

Il n'est pas facile pour le Cancer d'établir une relation sérieuse et engagée, et lorsqu'il se sent en sécurité, il ne veut pas que cela se termine.

Le Cancer a tendance à rester dans les relations même après que les étincelles se sont estompées parce que, tout simplement, le Cancer est un sentimental dans l'âme. Mais bien sûr, toutes les relations ne sont pas prédestinées à durer éternellement.

Ce signe d'eau n'a pas la prétention d'être vindicatif, mais quand son cœur est brisé, il sait comment fixer des limites. Supprimer son numéro de téléphone, le bloquer et ne plus le suivre sur les réseaux sociaux lui permet de se protéger du chagrin lors d'une rupture. Donc, si votre relation avec le Cancer prend fin, attendez-vous à recevoir une liste détaillée de règles. Le Cancer peut être idéaliste, et ce signe d'eau est certainement à la recherche de votre transcription d'une romance. Cependant, il interagit différemment avec chaque signe du zodiaque.

Cancer et Bélier, c'est une relation difficile. L'attitude ambitieuse du Bélier diffère de la profonde tendresse du Cancer. En conséquence, le Bélier peut se sentir étouffé par le besoin du Cancer, et le Cancer peut se sentir abandonné par la nature positiviste du Bélier.

Le Cancer est également gêné par les conflits directs et, comme son symbole astrologique, le crabe, préfère esquiver les situations difficiles plutôt que d'affronter les conflits de front, ce qui est la forme la plus courante du Bélier. Les Béliers n'aiment pas vraiment ces tendances passives, donc cette relation peut parfois être difficile.

Lorsqu'il collabore avec le Bélier, le Cancer devrait adopter une perspective plus directe dans la résolution des conflits. Le Bélier appréciera votre sang-froid et ce raisonnement permettra aux deux signes de créer une union indestructible. S'ils apprennent à respecter, ils peuvent s'attendre à une relation durable basée sur l'amour et le soutien.

Le Cancer et le Taureau sont romantiques et savent comment s'apporter mutuellement le soutien émotionnel dont ils ont besoin. Bien qu'ils aient tendance à être possessifs, le Taureau apporte sécurité et loyauté au sensible Cancer, et le style de séduction doux du Cancer les séduit.

Les frictions ne surviennent que lorsqu'ils commencent tous les deux à se plaindre l'un de l'autre. Si le Cancer grince assidûment ses tenailles, le Taureau commencera à concentrer ses ressentiments, ce qui finira par exploser en une corrida titanesque. Favorablement, vous pouvez éviter les tensions en maintenant un dialogue sincère et en appréciant les dons des autres.

Le Cancer et les Gémeaux sont une relation amusante. Le Cancer, sensible et aquatique, a besoin de beaucoup d'affection de la part de son partenaire pour se sentir en sécurité et aimé. Tout d'abord, vous vous demandez peut-être comment les Gémeaux spontanés, qui jouissent d'une telle liberté pour explorer leurs différents intérêts, peuvent s'intégrer. Cependant, étant un signe d'air changeant, il est également très flexible.

Si le Cancer est en mesure de notifier clairement vos besoins, Gemini s'efforcera d'y répondre. Les Gémeaux peuvent également être assez distants et solitaires, tandis que le Cancer est une trombe d'émotions, mais tant que les Gémeaux sont prêts à sympathiser avec le Cancer, cela peut être une relation attentionnée et assez amusante.

Le Cancer et le Cancer peuvent être une relation durable. Quand deux crustacés se rencontrent, c'est une histoire d'amour. Sensibles et instinctifs, ils savent faciliter le soutien émotionnel auquel l'autre personne aspire.

Les deux sont chaleureux et apprécieront de passer du temps ensemble, bercés dans le lit ou sur le canapé, ou de créer une atmosphère chaleureuse dans l'endroit que vous partagez. Cependant, des difficultés peuvent survenir lorsqu'ils se sentent très à l'aise.

Si ces amoureux de l'océan se souviennent de s'encourager mutuellement et d'ouvrir leurs visages durs pour se faire entièrement confiance, cela pourrait être une relation immortelle.

Le Cancer et le Lion, ce qui n'est pas exactement une combinaison facile, ne signifie pas que c'est peu probable, car il est intéressant de noter que le crabe et le lion ont en fait beaucoup en commun. À leur manière, le Cancer et le Lion ont tous deux besoins d'amour, de gratitude et de validation.

Alors que le dramatique Lion recherche l'éloge et la fidélité, le sensible Cancer veut qu'on ait besoin de lui et qu'on le comprenne. La recette du conflit entre ces signes est tout à fait évidente.

Leo, étant si dramatique et avide des applaudissements de son environnement, ajouté au Cancer, familier, fait que ce dernier se sent mal aimé, ce qui conduit Leo à prendre personnellement la sécheresse du Cancer et ici ils commencent à se battre.

Cependant, si le Cancer et le Lion gèrent tous deux leurs sentiments, il n'est pas difficile d'éviter ce type de conflit.

Un dialogue ouvert et beaucoup de tendresse aideront à renforcer cette relation d'amour.

Le Cancer et la Vierge, bien qu'il y ait des différences évidentes entre eux, car le Cancer est guidé par les émotions, tandis que la Vierge est motivée par la logique, peuvent former un couple vigoureux, bien qu'il faille un peu de maquillage pour le faire.

Au fur et à mesure que le Cancer et la Vierge apprennent à se connaître, la relation connaît de nombreux trébuchements et passe souvent à autre chose et prend du retard. Cependant, une fois la confiance établie, ce couple est vraiment profond. Bien qu'aucun de vous ne soit attiré par le fait de parler de ses sentiments au début, si vous faites tous les deux le même effort, vous pouvez trouver la sécurité dans le respect mutuel et la confiance en vous.

Cancer et Balance, au début de la parade nuptiale, l'attitude fermée du Cancer confond la Balance, qui travaille sans relâche pour essayer d'impressionner le crustacé sourd. Au lieu de cela, la communication et le comportement très coquet de la Balance rendent le Cancer méfiant quant à ses intentions.

Sarcastiquement, le Cancer et la Balance craignent que l'autre signe ne les contredise. Cependant, une fois que le Cancer accepte la particularité de la Balance et comprend l'esprit tendre du Cancer, les deux peuvent se rapporter harmonieusement.

Le Cancer et le Scorpion appartiennent à l'élément eau, ici la relation est douce. Le Cancer est une créature considérablement sensible, il doit donc établir sa familiarité et sa loyauté avant de montrer ses faiblesses.

En conséquence, le Scorpion est un merveilleux compagnon pour le délicat crustacé.

Cette connexion est basée sur une intuition profonde et des capacités psychiques ; ainsi, le Cancer et le Scorpion peuvent souvent communiquer avec des formes d'expression non orales. Le Cancer et le Scorpion peuvent être très impulsifs, tous deux portent beaucoup d'émotions avec eux, mais ils savent comment s'entraider, éclairant le chemin vers leurs moments les plus sombres. En fin de compte, ils recherchent tous les deux la même chose : l'intimité.

Le Scorpion est très possessif, donc le Cancer devrait être capable de s'adapter en montrant à plusieurs reprises son amour.

Le Cancer et le Scorpion aiment la belle vie. Ayez une maison majestueuse ornée de luxe.

Cancer et Sagittaire, c'est une relation difficile, mais pas impossible. Au début, chacune de ces deux énergies très différentes peut être attirée par les différences de l'autre.

Le Sagittaire parle rapidement et est renforcé par l'esprit du Cancer, tandis que le crustacé est envoûté par la délicatesse sans effort du Sagittaire optimiste. Le besoin d'aventure du Sagittaire ne va pas bien avec les désirs domestiques du Cancer.

Dans un couple avec des personnes de ces signes de Cancer, vous devez vous rappeler que la maison n'est pas un territoire, mais un état d'esprit.

De même, le Sagittaire devra comprendre que la stabilité ne signifie pas Dudgeon. S'ils sont prêts à changer un peu leurs notes, il y a beaucoup d'attentes pour cette relation.

Le Cancer et le Capricorne, bien qu'astrologiquement opposés, partagent des valeurs similaires : ils se soucient tous deux beaucoup de leur famille et de leurs amis, et aussi de la construction d'un avenir durable. Bien qu'apparemment moins émotif que le Cancer, le travailleur Capricorne apprécie profondément la sensibilité du Cancer.

D'un autre côté, la perspicacité du Cancer peut apporter une spiritualité bien nécessaire à la praticité du Capricorne.

La relation Cancer-Capricorne est parfaite car les deux signes aiment nicher et construire des espaces sûrs.

Cependant, comme ils ont tous les deux peurs du changement, le Cancer et le Capricorne doivent travailler dur pour que leur relation ne stagne pas.

Après tout, ils n'ont pas besoin de se blottir au coin du feu tous les soirs de la semaine. Il est également normal de s'amuser à l'extérieur de la maison de temps en temps.

Cancer et Verseau, bien que cette relation puisse sembler étrange au premier abord (le Cancer est assez traditionnel, tandis que le Verseau est extrêmement progressiste), les deux signes sont en fait des penseurs innovants avec des idées brillantes sur la façon de vivre de manière créative et percutante dans le monde.

Leurs points de vue, cependant, sont très différents. Les vues du Cancer reflètent toujours leur réalité immédiate, alors que le Verseau théorise à 30 000 pieds. En conséquence, il peut y avoir une certaine discorde dans un couple Cancer-Verseau.

Ils doivent s'efforcer de faire en sorte que les besoins de chacun soient pris en compte.

Cancer et Poissons, c'est une relation dans laquelle le crabe peut enfin trouver son partenaire amoureux. S'il y a une chose qu'un poisson et un crabe ont en commun, c'est qu'ils donnent tous les deux à l'amour la position la plus importante dans leur vie.

Ils pensent tous les deux que l'amour est la force motrice et qu'il nous donne la force de fonctionner dans la vie. La force de la passion qu'ils ressentent tous les deux pour leur partenaire les fait courir et tomber dans les bras l'un de l'autre.

La seule difficulté est que les Poissons marchent toujours sur des nuages et ignorent l'avenir, ce qui est crucial pour le Cancer. Si le crustacé ne voit pas ses plans se réaliser, il choisit de rompre la relation.

 Mais en général, ils ont des sentiments similaires, ce qui fera d'eux un couple envié. Les deux aiment partager intimement, et la chaleur du Cancer et des Poissons suggère une relation engagée dans laquelle il sera facile de parvenir à un consensus.

Cancer et vocation

En tant qu'avocat ou psychanalyste, le cancer peut aider les gens. L'océanographie est notamment l'une des vocations du Cancer, car le crabe est leur symbole du zodiaque avec un lien fort avec la mer. Être chef ou boulanger leur permettrait d'exercer leurs compétences créatives et de nourrir leurs clients avec leurs repas.

Les meilleurs métiers

Le cancer est à l'extérieur, mais très délicat à l'intérieur. Ce signe gouverné par la Lune est très énigmatique. Ils sont très énergiques, imaginatifs et protecteurs. Le cancer se distingue dans les professions infirmières, psychologiques, juridiques, pédagogiques et de soins aux adultes.

Signaux avec lesquels vous ne devriez pas trader

Verseau et Gémeaux, parce que le Cancer a tendance à vivre dans le passé, le Verseau et les

Gémeaux ne regardent jamais en arrière. Ils ne se comprennent pas et sont submergés par les ondes négatives.

Signes de partenariat avec

Poissons et Sagittaire. Ce sont des panneaux polyvalents qui s'adaptent à toutes les circonstances. Ils sont très doués pour rechercher des clients et des contacts.

Dates chanceuses pour se marier en 2025 :

2, 10 et 25 janvier

1er, 2, 9 et 26 février

5 et 6 mars

2, 8 et 20 avril

2, 8 et 28 mai

1er, 6, 20 et 22 juin

2, 3, 10 et 27 juillet

1er, 12 et 15 août

2, 20 et 24 septembre

1er, 3, 16 et 25 octobre

Jours de chance pour les rituels 2025

Janvier

1er janvier : Jour de l'An (réflexion spirituelle, définition de l'intention) Effectuez des bains spirituels et des nettoyages énergétiques.

14 janvier : Nouvelle Lune en Capricorne (idéale pour se fixer des objectifs et ancrer l'énergie). Rituels pour de l'argent.

Le 15 janvier : journée parfaite pour les rituels amoureux.

25 janvier : Pleine lune en Lion (accent sur l'expression de soi et la créativité) Rituels de santé.

Février

12 février : Nouvelle Lune en Verseau (Innovation et Focus Communauté) Rituels d'amour.

19 février : Pratiquez des rituels d'argent.

24 février : Pleine Lune en Vierge (énergie de guérison, accent sur la santé et l'ordre) Rituels de santé.

Mars

2 mars : Nouvelle Lune en Poissons (intuition accrue et sensibilité émotionnelle) Rituels de santé et bains spirituels.

6 mars : Rituels d'amour et de santé.

14 mars : Pleine Lune en Balance (équilibre, relations et harmonie) 20 mars : Équinoxe de printemps, équilibre entre la lumière et l'obscurité, énergie de renaissance)

21 mars : Rituels de l'argent.

Avril

1er avril : dimanche de Pâques.

6 avril : Nouvelle Lune en Bélier (Nouveaux Départs, Courage et Action) Rituels de l'argent.

14 avril : Pleine Lune en Scorpion (Transformation intense, abandon des anciens schémas) rituels d'amour.

20 avril : Éclipse solaire (Nouvelle Lune en Taureau – Manifestation d'Abondance et de Stabilité) rituels monétaires.

Mai

5 mai : Rituels amoureux.

7 mai : Nouvelle Lune en Taureau (énergie terrestre et fondamentale pour la manifestation) Rituels d'argent.

14 mai : Rituels de santé.

23 mai : Pleine Lune en Sagittaire (Aventure, recherche de la vérité, expansion) Rituels et nettoyages énergétiques.

Juin

5 juin : Nouvelle Lune en Gémeaux (Communication, Apprentissage, Curiosité) Rituels d'amour.

13 juin : Rituels amoureux.

21 juin : Solstice d'été. Le jour le plus long de l'année, une célébration de l'abondance et de la croissance. Rituels d'argent.

22 juin : Pleine lune en Capricorne (travail acharné, discipline et accomplissement des objectifs) rituels d'argent.

Juillet

5 juillet Nouvelle Lune en Cancer (parentalité, maison, bien-être émotionnel) Rituels et amour.

9 juillet : Rituels de santé.

10 juillet : Pleine Lune en Verseau (Rébellion, liberté et individualité).

Août

5 août : Nouvelle Lune en Lion (Créativité, Leadership et Confiance en Soi) Rituels pour l'argent.

12 août : Pic de la pluie de météores des Perséides (Énergie puissante pour les désirs et les manifestations. N'importe quel rituel.

14 août : Pleine Lune en Poissons (spiritualité, compassion et rêves).

23 août : Éclipse lunaire – (Pleine Lune en Poissons) Libération émotionnelle, plus grande intuition. Rituels d'amour.

Septembre

5 septembre : Nouvelle Lune en Vierge (Santé, Organisation et Clarté) Rituels de santé.

10 septembre : Rituels de l'argent.

21 septembre : Pleine Lune en Bélier (Action audacieuse, courage, début de nouveaux projets) Rituels d'amour.

23 septembre : Équinoxe d'automne. Équilibre jour/nuit, récupération d'énergie, introspection (païen, Wicca non, druide) Nettoyage énergétique.

Octobre

5 octobre Nouvelle Lune en Balance (accent sur les relations, l'équilibre et la diplomatie) Rituels d'amour.

14 octobre : Éclipse solaire - (Nouvelle Lune en Balance) Réajustement de la dynamique relationnelle et de l'harmonie intérieure.

20 octobre : Rituels de santé.

23 octobre : Pleine Lune en Taureau (accent sur la sécurité, les valeurs et la stabilité) Rituels de l'argent

Novembre

1er novembre : - Honorer les ancêtres, la mort et la renaissance, la communication spirituelle. Rituels d'argent.

3 novembre : Nouvelle Lune en Scorpion (transformation profonde, libération et renaissance).

12 novembre : Rituels de santé.

19 novembre : Pleine Lune en Gémeaux (apprentissage, communication et flexibilité) Rituels d'amour.

Décembre

5 décembre : Nouvelle Lune en Sagittaire (Optimisme, Aventure et Recherche de la Vérité) Rituels d'argent.

8 décembre : Rituels de l'argent.

21 décembre : Solstice d'hiver. La nuit la plus longue, l'introspection, le renouveau (païen, wicca, druide) les rituels de l'argent.

24 décembre : Pleine lune en Cancer (liens émotionnels, maison et famille) Rituels de santé.

25 décembre : Noël.

31 décembre : Rituels pour le Nouvel An 2026.

Guides spirituels et protections énergétiques

Les guides spirituels sont des extensions de notre pouvoir inhérent de protection. Ces êtres ne sont jamais séparés de vous, parce que vous n'êtes séparés de personne ou de quoi que ce soit dans l'univers.

Eux, et nous, faisons partie de la conscience de l'énergie divine. La différence entre eux et nous, c'est que les guides spirituels sont une forme différente de manifestation de la source divine.

Vous pouvez cesser votre pouvoir inné de protection lorsque vous êtes connecté à votre guide spirituel. Votre protecteur énergétique peut être votre ange gardien, un ange, un archange, un maître ascensionné, un dieu, une déesse ou un saint spécifique, en fonction de votre affinité spirituelle.

La guidance spirituelle vous aide à connecter et à maintenir l'efficacité de vos boucliers énergétiques au quotidien. De plus, c'est comme un garde du corps énergétique lorsque vos champs d'énergie s'affaiblissent ou faiblissent.

Dès que vous le pouvez, connectez-vous avec votre guide spirituel car il est toujours avec vous, vous n'avez qu'à lui donner la permission et il vous accompagnera à tout moment.

Nous sommes tous un sur le plan spirituel, y compris les anges, les esprits élémentaires, les guides spirituels et les maîtres ascensionnés.

Lorsque vous vous connectez avec vos guides spirituels, vous vous connectez avec une version plus sublime de vous-même, mais ces guides ne peuvent vous aider que si vous leur donnez la permission de le faire.

Faites appel à vos guides spirituels, concentrez votre esprit et accordez-leur la permission de vous aider.

Traumatismes et blessures du passé

Les émotions négatives générées par les cordes d'énergie que nous avons avec nos traumatismes non résolus sont des vampires énergétiques.

Toutes les expériences traumatisantes que nous vivons, et qui ne sont pas guéries, participent à la façon dont nous nous apprécions nous-mêmes, les autres et l'environnement qui nous entoure.

Le traumatisme a le pouvoir de façonner nos opinions, nos sentiments et nos croyances. Parfois, ces blessures s'enracinent en réduisant notre fréquence vibratoire et peuvent capturer des individus ou des situations qui valident et alimentent ce que nous pensons ou croyons.

Autosabotage énergétique

L'autosabotage énergétique se produit lorsque les croyances que nous avons sur nous-mêmes ne correspondent pas aux croyances que notre moi supérieur a sur nous. En conséquence, lorsque la vie nous offre des opportunités d'évolution, de bonheur et d'abondance, notre ego est toujours sur la défensive, prêt à nous saboter.

L'autosabotage énergique a tendance à se manifester sous la forme d'excuses, de justifications et de pensées restrictives sur nous-mêmes et la vie en général. Lorsque nous nous auto-sabotons, nous attirons inévitablement des lacets et des attaques énergiques.

Lorsque cela se produit, nous sommes enclins à nous tromper nous-mêmes et à condamner les autres, ou à blâmer la malchance.

Les personnes de votre vie avec qui vous devez faire des heures supplémentaires pour conseiller et aider, mais ne jamais suivre leurs conseils, sont les victimes classiques des attaques d'énergie et des cordes. Votre adversité, de votre point de vue, est le résultat de mauvaises décisions, d'opinions négatives et de croyances limitantes. Mais en réalité, c'est le résultat d'une pollution énergétique dans les premiers stades de votre vie.

Schémas négatifs de pensées enracinées

Les schémas de pensée négatifs enracinés sont le résultat de traumatismes non résolus ou d'habitudes enracinées que nous ne savons pas comment détruire. Ces schémas génèrent des émotions négatives sévères qui abaissent nos fréquences énergétiques de vibration et attirent des liens ou des cordes énergétiques.

Il n'y a rien de plus facile que de tomber dans le piège de l'énergie négative. Notre société le flatte et l'approuve. Asseyez-vous quelques minutes à regarder les informations pendant trois jours d'affilée et voyez comment vous finissez par vous convaincre que vos rêves ne se réaliseront jamais, que nous sommes au bord d'une troisième guerre mondiale, que vous devez prendre des médicaments pour tout et que la planète est au bord de l'abîme. Les séries télévisées et les films sont l'exemple parfait du fait que nous vivons dans un monde où la négativité est abondante et répandue.

Lorsque notre esprit et notre corps s'adaptent à une situation perturbante ou dramatique, nous finissons par savourer le drame. Il est facile de tomber dans le piège de la négativité chronique. Tout cela attaque votre champ d'énergie et abaisse votre fréquence vibratoire.

Purifie l'énergie

Vous devez faire confiance à votre intuition lorsque vous choisissez des méthodes. Il existe plusieurs façons de procéder, selon le type de corde ou d'attache énergétique. Nous sommes tous différents, donc chaque corde, ou connexion énergétique, se manifeste différemment dans chaque champ d'énergie. N'oubliez pas d'utiliser votre intuition et votre guide spirituel.

Nettoyage énergétique de l'énergie sexuelle

L'un des câbles d'alimentation les plus solides est né d'une relation. Ce lien est puissant, car il est affectif, et implique l'activation de l'énergie sexuelle. Pendant les rapports sexuels, nous ne faisons qu'un avec notre partenaire, ce qui implique que nous héritons de son karma.

Imaginez, si l'une des deux personnes, ou les deux dans la relation, ont eu des relations sexuelles avec plusieurs personnes qui sont très infectées par les énergies de l'autre, ce que nous appelons un nid de larves énergétiques se forme. Dans ce cas, une puissante charge d'énergie est créée. Si une femme tombe enceinte et n'a pas fait de nettoyage énergétique, ou a brisé les cordes énergétiques d'autres relations, l'enfant qu'elle incarne vient de l'astral inférieur, ou saturé, avec des charges énergétiques denses. Cela a un impact sur votre qualité en tant qu'être humain.

L'acte sexuel a des répercussions sur tous les corps, qu'ils soient physiques, émotionnels, mentaux ou même spirituels. Lorsque deux corps se rencontrent, qu'il s'agisse d'un baiser, d'une étreinte ou même d'un simple toucher, un échange d'énergies s'opère.

L'énergie sexuelle est si puissante que le cordon énergétique est renforcé, même si la relation n'existe pas. Les fluides séminales et vaginaux sont toujours convertis en plasmas d'énergie dans les corps énergétiques, et donc le lien n'est pas facilement rompu.

Ce type de cordon d'énergie est capable de résister au passage du temps, à la séparation du couple et à la fin de la relation.

Malheureusement, nous continuons à rejoindre tous ceux avec qui nous avons partagé notre lit, notre table et nos corps physiques et énergétiques.

Si l'ex-partenaire nous déteste, pense toujours du mal de nous ou est obsédé, nous recevons des pensées négatives, des malédictions, des blocages et des obstacles à travers le cordon énergétique. Non seulement cela nous empêche de former une meilleure relation, mais nous commençons à attirer des personnes chargées d'énergie. C'est-à-dire que lorsque nous sommes contaminés par des larves d'énergie et des parasites, à la fois les nôtres et ceux de nos anciens partenaires, nous établissons des relations avec ces mêmes fréquences d'énergie.

Si la relation n'était qu'un échange sexuel, l'énergie ne monterait pas vers les chakras supérieurs et stagnerait dans le deuxième chakra n'étant que de l'énergie d'échange sexuel. Mais s'il y avait de l'énergie d'amour dans la relation, l'énergie monte jusqu'au quatrième chakra, et parfois elle peut aller jusqu'au septième chakra. Cela signifie que votre système énergétique est totalement contaminé.

Lorsqu'un couple sépare les cordons énergétiques qui ont été formés par l'amour et l'énergie sexuelle, ils ont tendance à disparaître progressivement, ou à rester, créant des blocages et des événements négatifs. Ces blocages sont logés dans notre champ énergétique et leurs symptômes transcendent le plan physique, ce qui rend difficile le développement de nouvelles relations ou la stimulation d'une émotion négative d'amour, entre autres contextes.

Il existe plusieurs façons de défaire les cordons d'éncrgie formés par l'énergie sexuelle. Il est toujours conseillé d'effectuer une cure énergétique après une rupture, ou avant de commencer une nouvelle relation. C'est la seule façon d'éliminer toutes sortes d'énergie gaspillée.

Rituel énergétique pour briser le cordon énergétique sexuel

Ce rituel consiste à prendre un bain avec du sel marin. Le sel a des qualités purifiantes et est un énergisant purifiant très puissant.

Prenez une douche normalement dans la douche avec vos articles de toilette. Ensuite, vous prenez une poignée de sel de mer dans votre main et passez le sel de mer sur tout votre corps, de haut en bas, comme si vous teniez une éponge dans votre main.

Visualisez le sel qui consume toute la négativité. Vous pouvez changer le sel dans votre main afin de pouvoir atteindre toutes les zones de votre corps. Il est important de mettre l'accent sur le chakra racine, c'est-à-dire les organes sexuels.

Après avoir terminé ce processus, vous entrez dans la douche et laissez l'eau rincer le sel afin qu'il soit dilué et lavé. Séchez-vous avec une serviette, de préférence blanche.

Ensuite, vous vous asseyez et allumez une bougie blanche et la dédiez à vos guides spirituels. Il leur demande de l'aider à se libérer de tous les liens qui pourraient lui nuire. Fermez les yeux et respirez profondément, en visualisant une boule de lumière blanche autour de vous. Recréez dans votre esprit un cordon de lumière qui sort de vous et vous relie à l'autre personne qui sort de la zone du cœur.

Lorsque vous avez déjà créé l'image mentale du cordon d'énergie avec votre ex-partenaire, reconnaissez les opportunités d'apprentissage et pardonnez si nécessaire. Imaginez une paire de ciseaux coupant le cordon d'alimentation et répétant :

« J'ai coupé les liens et tous les liens avec **'le nom de la personne'** et tous les cordons énergétiques qui nous unissent, sans possibilité d'être restaurés. Je vous exclus de ma vie et vous souhaite le meilleur pour votre évolution spirituelle. De ma présence bien-aimée et divine que je suis, j'invoque l'énergie purificatrice de la flamme blanche et tous les êtres de lumière de la flamme blanche pour m'aider à purifier mon énergie sexuelle, je demande de transformer toute négativité en lumière dans toutes mes relations sexuelles de cette vie, et des vies antérieures, je demande de purifier mon énergie sexuelle à sa perfection divine.

Lorsque la bougie blanche est complètement consumée, jetez les résidus de cire à la poubelle ordinaire.

Remerciez vos guides spirituels, anges, archanges ou saints, pour leur soutien dans ce rituel.

Certains cordons d'alimentation sont plus difficiles à dénouer. Si la méthode ci-dessus n'a pas fonctionné pour vous, vous pouvez utiliser ce qui suit :

Méthode #1. Briser le cordon énergétique de l'énergie sexuelle

Ce rituel doit être effectué pendant la phase de pleine lune.

Vous devez prendre un fil rouge et une bougie noire. Vous devez compter tous les partenaires sexuels que vous avez eus et dire leurs noms à haute voix, un par un. Pendant que vous faites cela, faites un nœud dans le fil rouge en répétant : « Rien de vous en moi, rien de moi en vous. Archange Michel, je t'invoque maintenant. S'il vous plaît, coupez les cordons d'énergie de la peur qui me privent d'énergie et de vitalité. Tranche avec amour avec ton épée de lumière les liens qui me lient au **« nom de la personne ».**

Ensuite, vous devez brûler le fil avec la flamme de la bougie noire, en offrant des pensées généreuses pour la santé et la libération spirituelle de tous les noms que vous venez de mentionner.

Méthode #2. Briser le cordon énergétique de l'énergie sexuelle

Placez une photo complète de vous-même sur une surface propre et plane. Enveloppez-le d'un cercle de sel de mer par une nuit de clair de lune au cours du dernier trimestre. Allumez une bougie blanche à l'extérieur du cercle.

Remplissez un verre d'alcool à friction et diluez une cuillère à soupe de sel de mer. Écrivez le nom de votre ex sur une feuille de papier et placez-la à l'intérieur du gobelet. Laissez-le près du cercle de sel de mer pendant sept jours, puis rincez le liquide dans un drain et le papier à la poubelle.

Tout cela doit rester pendant une semaine. Chaque jour, ajoutez une pincée de sel de mer dans le cercle. Ce faisant, concentrez-vous sur l'élimination de cette personne de votre vie.

Méthode #3. Briser le cordon énergétique de l'énergie sexuelle

Faites-le pendant le dernier quartier de la lune, si possible un vendredi.

Vous devriez obtenir :

1 bougie rouge, petite.

1 encens rose.

Sel.

Poivre noir moulu.

Sable fin ou petites pierres.

Une feuille de papier.

Quelques gouttes de citron.

Quelques gouttes de vinaigre.

1 stylo à encre noire.

1 bocal en verre vide (petit).

Allumez la bougie rouge à l'endroit où vous couperez le cordon d'alimentation. Lorsque vous avez allumé la bougie, allumez l'encens rose et dites la phrase suivante à haute voix :

"Merci, Ange Gardien, de m'avoir permis d'exécuter ce sort. Je vous demande votre permission et demande que **« le nom de votre ex-partenaire »** soit retiré à jamais de mon champ d'énergie. Puisse ton chemin se séparer du mien en ce moment. Merci, merci, merci.

Lorsque la bougie est sur le point de brûler, écrivez le nom et le prénom de la personne sur la feuille et dessinez le symbole de l'infini au dos de la feuille :

Ensuite, mettez quelques fragments de cire de bougie dans le bocal en verre, les cendres de l'encens et le papier avec le nom de votre ex dessus.

Ajoutez du sel, du poivre et du sable, ou de petites pierres, et arrosez de quelques gouttes de jus de citron et d'un peu de vinaigre.

Lorsque vous avez un bocal plein, fermez-le hermétiquement et enterrez-le dans un endroit où il y a beaucoup de plantes.

Méthode #4. Briser le cordon énergétique de l'énergie sexuelle

Cette méthode est rejetée par certains parce qu'ils en ont peur. Ici, vous devez utiliser le terrain du cimetière.

Le sol des cimetières et son utilisation pour couper les câbles d'énergie sont un sujet controversé car il est associé à la magie noire. En général, beaucoup de gens associent le terrain du cimetière à des choses sombres et à la sorcellerie, car dans notre culture, le concept de mort est très négatif.

Il est vrai que la terre de cimetière est utilisée dans le but de causer des dommages, il est courant pour les praticiens de la magie noire, entre autres types de sorts, de mélanger de la terre de cimetière et du soufre en poudre avec les cheveux d'un ennemi, ou des substances corporelles, et de causer divers malheurs

Le terrain du cimetière peut également être utilisé dans des rituels de magie blanche.

Vous devez choisir le sol d'une tombe qui correspond à une personne que vous avez beaucoup aimée. Il peut s'agir d'un membre de la famille, d'un ami ou d'un ex-partenaire. Si vous n'avez pas accès à ce type de terrain, vous pouvez choisir un terrain sur la tombe d'un enfant ou d'un nourrisson, car ceux-ci représentent l'innocence et l'amour pur.

Prenez une feuille de papier vierge et écrivez le nom de la personne avec qui vous voulez couper le cordon d'alimentation, mettez-le dans un bocal de couleur foncée, ajoutez quelques feuilles de rue et de basilic et la terre du cimetière. Une corde rouge à 7 nœuds à l'extérieur est fermée et attachée. Ensuite, vous l'emmenez au cimetière et vous l'enterrez. Lorsqu'il l'enterre, il répète : « Je demande la permission à la terre, pour que tous les cordons d'énergie qui me relient à cette personne soient retirés. Je suis libre et je m'entoure du cercle protecteur de l'archange Saint-Michel.

Nettoyage énergétique des vêtements

Nous devons également apprendre à éliminer les énergies négatives des vêtements que nous portons au quotidien.

Parfois, les énergies sombres se coincent dans les vêtements, les chaussures, les bijoux et d'autres objets d'usage personnel.

Il y a certains éléments, et ressources, qui sont faciles à trouver pour nettoyer nos vêtements et ainsi éviter la contamination négative.

Nous ne savons généralement pas que les vêtements que nous portons peuvent avoir un effet négatif sur notre humeur, notre champ d'énergie et nos chakras.

Les couleurs, la production et le type de matériau dont sont faits les vêtements que nous portons pour nous habiller émettent des vibrations et des ondes d'énergie, qui affectent notre champ électromagnétique et affectent nos émotions.

Il existe des matériaux spécifiques qui attirent et transmettent des fréquences positives et négatives de l'atmosphère et de tout ce qui nous entoure. Pour ces raisons, il est souvent noté que de nombreuses tendances spirituelles, ou religions, utilisent les couleurs blanc, orange, jaune et bleu. Ces couleurs ont la capacité d'absorber les vibrations positives de l'univers et de repousser les négatives.

Il est très important que tous les vêtements déchirés, vieux et usagés que vous avez soient jetés, car ce type de vêtements attire les énergies négatives.

La première option pour purifier les vêtements est de les laver avec du sel de mer et du vinaigre, puis de les exposer au soleil. Vous pouvez également fouiller dans votre placard avec de la fumée de Palo Santo ou de sauge blanche.

Une autre option serait de mettre du sel de mer dans les quatre coins du placard où vous rangez vos vêtements, ou quatre têtes d'ail.

Vous ne devriez pas porter les vêtements des autres, et encore moins les chaussures. Et si vous partez en voyage, où les lits d'hôtel, les matelas, les draps, les taies d'oreiller, les serviettes et les lingettes sont utilisés par des millions de personnes, n'oubliez pas de faire un nettoyage en profondeur vigoureux à votre retour.

De plus, lorsque vous achetez des vêtements qui appartenaient à quelqu'un d'autre, vous prenez l'énergie de cette personne qui les possédait auparavant. Ces vêtements stockent des émotions et des pensées lourdes qui peuvent s'accrocher à votre aura. C'est comme si vous aviez des cordes d'énergie connectées à cette personne et à son énergie. Dans certains cas, il n'y a pas de cordon, mais son énergie est toujours implantée dans les vêtements.

Comment augmenter nos vibrations énergétiques.

Nous sommes définitivement au début d'une décennie et d'un nouveau cycle. Cette phase est très complexe et nous assisterons à de nombreux événements qui nous apporteront des changements, y compris celui de notre conscience.

Ma suggestion est que pour circuler avec le courant, nous devons essayer d'augmenter notre champ d'énergie, car de cette façon, nous atteindrons nos objectifs en supprimant certaines barrières.

Parmi mes conseils, le principal est de prendre conscience de nos pensées, en se rappelant que chacune d'entre elles nous affecte. Si, au milieu d'une pensée négative, vous passez à une autre qui vous renforce, vous augmentez votre vibration énergétique et vous revigorez, ainsi que votre champ d'énergie proche.

Pratiquez la méditation régulièrement. Même si ce n'est que quelques minutes par jour en attendant à un feu de circulation, cette pratique est importante.

Faites attention aux aliments que vous achetez. Il y a des aliments qui ont peu d'énergie et qui sont riches en énergie. Les aliments fabriqués avec des produits chimiques nocifs le décomposeront. Les substances artificielles sont produites à de faibles énergies. Les aliments à haute alcalinité, tels que les fruits, les légumes, les noix, le pain azyme et l'huile d'olive vierge, sont souvent considérés comme des réparateurs musculaires et à haute énergie.

Les aliments avec un pourcentage élevé d'acidité, tels que les céréales à base de farine, les viandes, les produits laitiers et les sucres, tombent dans la gamme d'énergie inférieure, ceux qui nous rendent malades.

L'alcool et presque toutes les drogues artificielles, légales ou non, réduisent le niveau d'énergie du corps. Ils vous exposent également à attirer de plus en plus d'énergies négatives dans votre vie.

Pour le simple fait de consommer des substances à faible énergie, vous verrez que des personnes à faible énergie commencent à apparaître dans votre vie. Ils voudront vous inviter à prendre ces substances, s'amuser avec vous et vous encourager à répéter ces schémas nocifs.

Faites attention à la musique que vous écoutez. Des vibrations musicales incohérentes, monotones et fortes abaissent les niveaux d'énergie. Il en va de même pour les paroles de chansons qui reflètent le ressentiment, la tristesse, la peur et la brutalité, car ce sont de faibles énergies qui envoient des messages débilitants à votre subconscient et saturent votre vie d'énergies similaires.

Si vous voulez attirer la violence, écoutez des chansons aux paroles cruelles et cette musique fera partie de votre vie. Si vous voulez attirer la paix et l'amour, écoutez des vibrations musicales et des paroles de chansons qui expriment vos désirs.

Prenez conscience des niveaux d'énergie de votre environnement domestique. Les peintures, les décorations, les phrases spirituelles, les livres, les couleurs sur les murs de votre maison et même la disposition des meubles créent une énergie dans laquelle vous êtes immergé pendant la moitié du temps que vous passez éveiller.

Réduisez le nombre d'heures passées devant la télévision ou sur les réseaux sociaux. Selon les statistiques, les enfants regardent 20 000 meurtres simulés sur leur téléviseur ou sur Internet avant d'avoir quatorze ans. Les nouvelles insistent pour apporter l'infernal dans votre maison et, dans une large mesure, oublient le bien. C'est un courant invariable de négativité qui s'attaque à votre espace sacré et attire tant de choses dans votre vie.

Le crime est la composante principale des émissions, et les publicités sont des publicités sponsorisées par de grandes sociétés pharmaceutiques qui visent à vous convaincre que le bonheur peut être trouvé dans vos médicaments. On dit au public qu'il a besoin de toutes sortes de médicaments à faible teneur en énergie pour surmonter toute maladie physique ou mentale.

Augmentez votre champ d'énergie avec des images. Les photographies sont une forme de reproduction de l'énergie, car chaque photographie contient de l'énergie. Placez stratégiquement des photos de moments de bonheur, d'amour à la maison, au travail, dans la voiture ou dans votre portefeuille.

Mettez des images de la nature, des animaux, des expressions de joie et d'amour dans votre environnement, et l'énergie brillera dans votre cœur et vous donnera sa haute fréquence.

Prenez conscience des niveaux d'énergie de vos amis, de vos connaissances et de votre famille. Vous pouvez augmenter vos niveaux d'énergie en étant dans le champ d'énergie des autres avec une résonance étroite avec la conscience spirituelle.

Surveillez vos activités et l'endroit où elles se déroulent. Évitez les camps à faible énergie où il y a beaucoup d'alcool, de drogues ou de comportements violents, ainsi que les rassemblements axés sur les séparations religieuses, raciales ou fondées sur des préjugés.

Ces événements vous affecteront non pas pour augmenter votre énergie, mais aussi pour vous synchroniser avec l'énergie inférieure, celle qui vous consume.

Interagissez avec la nature, profitez de sa beauté, promenez-vous, nagez, profitez de la nature. Assistez à des cours de spiritualité, de yoga, faites-vous masser, allez dans des centres de méditation et aidez les autres.

L'Aura

Nous sommes plus que notre corps physique. Nous avons d'autres corps qui vivent dans des dimensions parallèles, et autour de notre corps, ce qu'on appelle le champ aurique.

L'aura est une énergie qui est imprégnée chez tous les êtres vivants et sa structure est déterminée par la composition de ces êtres. L'aura humaine est la plus complexe, atteignant plus d'un mètre autour du corps physique.

Notre aura a sept couches, ou corps, qui se réfèrent aux sept chakras et s'étendent vers l'extérieur à partir du centre de notre corps physique. Ces couches sont appelées corps physiques, éthériques, émotionnels, mentaux, causaux, intuitifs, spirituels.

Ils ont tous leurs propres fonctions et caractéristiques. Tous ces corps de l'aura occupent celui qui la précède et, en même temps, s'étendent au-delà.

En raison de sa nature dynamique, l'aura peut projeter et propager son énergie aux objets et à l'environnement qui nous entoure, en transmettant et en recevant de l'énergie entre eux en même temps.

L'aura est ce qui permet de ressentir plus facilement l'énergie des personnes et des lieux. Nous sommes tous en retour constant avec le monde qui nous entoure. L'aura est comme une éponge qui absorbe toutes sortes d'énergie des personnes et des lieux, grâce à ses capacités réceptives et perceptives.

Les énergies qui imprègnent notre aura, si nous ne les éliminons pas, ont la capacité d'influencer nos schémas de pensée, nos émotions et nos comportements.

Les trois premières couches de l'aura métabolisent l'énergie liée au monde physique, et les trois premières couches se réfèrent au monde spirituel. Le corps, ou couche astrale, se connecte au chakra du cœur et transmet l'énergie entre les mondes physique et spirituel.

Habituellement, les attaques énergétiques se manifestent dans les trois premières couches, ou corps, car elles sont les plus influencées par nos expériences et nos comportements.

Une attaque énergétique, consciente ou inconsciente, se produit parce que l'agresseur découvre une faiblesse, ou une fragilité, dans l'une des couches auriques et transmet des énergies négatives, ou absorbe de l'énergie positive.

I Chakra

Les chakras sont des centres d'énergie. Ils ont la forme d'une roue et ont des positions spécifiques sur le corps. Les chakras sont des canaux de communication entre les plans physique et spirituel.

Son apparence est similaire aux pétales d'une fleur de lotus. Ils ont des couleurs différentes et tournent à des vitesses différentes, transmettant de l'énergie à travers les corps physique, émotionnel, mental et spirituel. Les chakras doivent être sains et équilibrés, ce qui est essentiel pour le bien-être de notre esprit, de notre corps et de notre âme.

Chaque chakra a sept couches, qui correspondent aux sept couches de notre aura.

Toutes les attaques d'énergie, ou cordes, qui s'attachent à votre aura ont la capacité de pénétrer le cœur de vos chakras, car les sept couches de l'aura sont des extensions de vos chakras.

Les sept chakras ont leurs propres caractéristiques et énergies et sont situés dans une partie différente du corps, mais ils sont tous connectés les uns aux autres.

Étant connecté par un canal d'énergie, si un chakra subit une attaque d'énergie, cela affecte l'ensemble du système. Les addictions, ou la pratique de la magie noire, perturbent et cassent les chakras. De plus, si vous avez trop de cordons d'alimentation, ils sont contaminés ou bloqués.

Il est très courant que l'aura et les chakras des enfants soient affectés par la négativité ou les cordes d'énergie de leurs parents. Les chakras des enfants sont complètement ouverts, sans filtre protecteur pour purifier l'énergie qu'ils reçoivent.

Pendant l'enfance, nous sommes protégés par les champs d'énergie de nos parents, et c'est pourquoi les pensées, les comportements, les émotions, les croyances ou les événements de la vie de nos parents sont transmis à nos chakras.

Si vous ne faites pas de nettoyage énergétique, votre évolution est entravée et vous êtes vulnérable aux attaques énergétiques. Il est courant de voir des enfants avec des chakras denses, déformés et altérés par la saleté, et des cordons d'énergie, qui leur ont été transmis par leurs parents.

Une aura polluée est comme une éponge sale débordant d'énergies négatives, sombre, avec des toiles d'araignées éthériques et du mucus aurique. Les contours sont indéfinis, les couches se rejoignent et interfèrent avec les tâches et les qualités de l'autre.

Calendrier de la pleine lune 2025

Lune du loup samedi 11 janvier
Lune de neige lundi 10 février
Ver de lune mercredi 12 mars
Lune rose jeudi 10 avril
L'une des fleurs samedi 10 mai
L'une des fraises lundi 9 juin
Lune du cerf mardi 8 juillet
Lune de l'esturgeon jeudi 7 août
L'une des moissons vendredi 5 septembre
Lune du chasseur dimanche 5 octobre
Lune du castor lundi 3 novembre
Lune froide mercredi 3 décembre

Qu'est-ce que la prospérité ?

La prospérité est généralement liée à l'argent, mais avoir de l'argent ne signifie pas que nous sommes prospères. Il existe une relation entre l'argent et la prospérité, car les deux termes sont liés à l'amélioration de soi et aux progrès que vous pouvez développer à différentes étapes de votre vie.

Il y a beaucoup de millionnaires dans le monde qui ne sont pas heureux. Il y a des gens qui ont beaucoup d'argent qui vivent seuls, qui sont malades et qui essaient de combler leurs vides émotionnels avec des drogues ou d'autres dépendances. De nombreuses personnes qui ont réussi se sont suicidées malgré leur fortune, parce que la prospérité est une expérience émotionnelle et non une accumulation d'argent.

En fait, ce que nous recherchons, derrière toute cette envie d'avoir beaucoup d'argent, c'est de nous sentir satisfaits, comblés, heureux, prospères et d'avoir ce sentiment d'avoir atteint nos objectifs.

Avoir la prospérité, c'est atteindre nos objectifs et adopter un mode de vie sain.

La vraie prospérité, c'est de se sentir satisfait, satisfait et heureux, car même si vous accumulez des millions de dollars, si vous n'avez pas le temps de partager avec votre famille, votre santé, votre enthousiasme et votre joie de vivre, vous ne serez jamais vraiment prospère.

Accumuler de l'argent et des biens matériels n'est pas un symbole de prospérité, quand l'argent vous asservit et vous vole votre paix spirituelle, ce n'est pas la vraie prospérité.

Certaines personnes ont pour objectif principal dans la vie de devenir millionnaires grâce à l'accumulation d'argent ou à l'acquisition d'actifs. Cela conduit à la cupidité, minimisant le concept de prospérité, puisqu'ils ne se soucient que de leur bien-être économique et matériel. En s'écartant de cette voie, ils négligent leur développement professionnel et personnel, leur santé et leurs engagements sociaux.

L'avidité pour la richesse est associée à divers maux physiques dus au surmenage, aux problèmes familiaux et met parfois en péril les valeurs éthiques et morales.

La prospérité est directement liée au bien-être économique, mais aussi à l'équilibre affectif, familial, professionnel et personnel. Vous ne pouvez pas avoir la prospérité financière si vous n'avez pas l'harmonie et l'équilibre dans votre vie.

Pour avoir la prospérité, vous devez connaître votre but de vie et avoir une qualité de vie. L'Univers est infini et la seule barrière à la prospérité est créée par nous dans nos esprits. La privation économique est une conséquence de nos schémas mentaux et émotionnels.

Énergie propre d'ici 2025

Salle de bain pour ouvrir vos chemins 2025

***Vous devriez prendre ce bain dans la première semaine de l'année.**

Pour que l'année soit positive, ce bain est très bénéfique.

Faites bouillir la rue, le laurier, la menthe, le basilic, le saraguey et 9 fleurs blanches. Lorsqu'il a refroidi, ajoutez le miel et mélangez-le avec plus d'eau dans la baignoire. Vous plongez dans ce bain puissant pendant 15 minutes. Lorsque vous sortez, ne séchez pas avec une serviette.

Si vous le souhaitez, vous pouvez l'utiliser pour nettoyer votre maison ou votre bureau, en nettoyant toujours dans le sens de la porte d'entrée des locaux.

*Cherchez sur Google les autres noms que le disjoncteur de Saraguey a dans votre pays.

Nager avec de la chance

Cette salle de bain est spéciale si vous voulez réussir quelque chose de spécifique. Recherchez un bouquet de camomille, 2 cuillères à soupe de miel, un bâton de cannelle et 2 oranges. Vous faites bouillir tous ces ingrédients et lorsque le mélange refroidit, vous le versez dans la baignoire. Vous devez le faire pendant 3 jours consécutifs.

*Choisissez ceux dont vous avez besoin dans ces bains, en fonction de votre situation, afin que vous puissiez commencer l'année énergétiquement purifié.

Retrait du bloc sanitaire

Dans un bol, ajoutez 9 cuillères à soupe de miel, de cannelle et 9 cuillères à soupe de sucre. Il est très bien mélangé, laissé au repos au clair de lune et, le lendemain, baigné dans ce mélange.

Salle de bain pour apporter de l'harmonie à la maison

Faites bouillir un plant de romarin, de clou de girofle et de basilic avec de l'eau bénite ou de l'eau de lune. Mettez-le au frais et ajoutez l'huile essentielle de lavande.
Vous le jetez dans la baignoire, le faites tremper pendant 15 minutes et vous êtes prêt à partir.

Bain contre l'envie

Si vous voulez couper le mauvais œil, ou l'envie, vous devez faire bouillir 8 citrons, 3 cuillères à soupe de miel, 3 cuillères à soupe de sucre, dans 3 litres d'eau. Lorsqu'il fait un peu froid, mélangez-le avec l'eau de la baignoire et faites-le tremper pendant une demi-heure.

Se baigner contre la négativité

Besoin :

5 feuilles de romarin

Camomille

3 feuilles de rue

1 feuille de basilic,

3 branches de la baie

3 brins de thym

Sel

7 piments noirs

Cumin

1 brin de cannelle

1 cuillère à soupe de miel

Faites bouillir tous les ingrédients sauf le miel et le sel pendant 5 minutes. Lorsqu'il a refroidi, ajoutez le miel et le sel. Prenez un bain avec ce mélange pendant trois jours consécutifs et vous ne serez pas seulement en train de chasser les énergies négatives, mais aussi d'attirer l'abondance dans votre vie.

Salle de bain pour attirer l'argent

Besoin :

7 fleurs de noyaux différents

7 cuillères à soupe de miel

Eau de mer ou pluie

3 Eau de coco

1 contenant

3 gouttes de votre parfum préféré

Des pétales de fleurs et de l'eau de pluie ou de mer sont placés dans le récipient. Ajoutez ensuite les gouttes de parfum et l'eau de coco. Vous mélangez le tout et vous baignez pendant une semaine avec cette eau mystique.

Chaque fois que vous utilisez ce bain spirituel, répétez à haute voix : Je suis une personne prospère, qui a la richesse et l'abondance. Les voies de l'argent sont claires pour moi et je reçois tout ce qui m'appartient dans l'Univers.

Bain de malédiction

Besoin :

4 feuilles de romarin

3 feuilles de rue

2 feuilles de laurier

1 feuille d'Artémis

Mélangez toutes ces feuilles avec de l'eau et laissez reposer toute la nuit.

Le lendemain, baignez-vous dans ce mélange ou vous serez libéré de toute malédiction.

Bain aphrodisiaque

Besoin :

5 Pétales de rose

5 feuilles ou brins de romarin

5 feuilles de thym

5 Feuille de basilic

5 Fleurs de Jasmin

Faites bouillir tous les ingrédients et baignez-vous avec cette eau avant d'aller dormir, ne séchez pas avec une serviette.

Bain de beauté

Besoin :

5 feuilles de lavande

5 feuilles de romarin

3 feuilles de menthe

1 fleur de lys

7 feuilles de thym

Vous devez écraser toutes ces plantes, avec un peu d'eau pour que ce soit plus facile pour vous, et vous pouvez le faire comme une pâte.

Lorsque vous prenez une douche, étalez-le sur tout votre corps, restez ainsi pendant 15 minutes. Rincez ensuite, mais ne séchez pas la serviette.

Salle de bain pour retrouver énergie et vitalité

Besoin :

9 feuilles de clou de girofle

9 feuilles de lavande

9 feuilles de romarin

9 feuilles de basilic

Faites bouillir toutes les feuilles pendant 5 minutes, remuez le mélange dans le sens des aiguilles d'une montre. Quand il refroidit, utilisez-le. Ce bain vous donne de la force, vous devez le faire pendant trois jours consécutifs.

Se baigner pour attirer l'amour

Besoin :

3 pétales de rose rouge

3 feuilles de menthe

4 bouquets de sauce

Mélangez ces ingrédients et placez-les dans votre parfum ou eau de Cologne préféré. Versez-le en vous chaque jour pour que l'amour entre dans votre vie.

Salle de bain pour obtenir de l'argent rapidement

Besoin :

3 feuilles de romarin

2 feuilles de basilic

Cannelle

3 feuilles de menthe

Trempez-le dans ce mélange après avoir mijoté pendant 30 minutes. Ne pas sécher avec une serviette.

Bain pour la prospérité matérielle

Besoin :

3 clous de girofle

2 feuilles de persil

1 feuille de rue

Trempez-le dans ce mélange après avoir mijoté pendant 30 minutes. Ne pas sécher avec une serviette.

Bain pour la paix spirituelle

Besoin :

3 pétales de tournesol

2 pétales de rose rouge

3 Jasmin

Vaporisez votre corps avec cette eau après avoir mélangé tous ces ingrédients. Ne pas sécher avec une serviette.

Salle de bain pour se protéger de l'envie

Besoin :

7 feuilles de romarin

3 feuilles de laurier

2 feuilles de basilic

Badiane

1 feuille de Rompe Saraguey

Faites tremper dans ce mélange pendant 5 jours consécutifs. Ne pas sécher avec une serviette.

La salle de bains pour attirer le succès

Besoin :

9 pétales de tournesol

9 roses rouges

9 roses comte de rose

9 roses blanches

2 chanvres en rut

4 oranges

9 feuilles de basilic

1 candela d'or

1 paquet de clous de girofle

1 grand contenant

Carton jaune

Faites bouillir l'eau pendant 10 minutes puis ajoutez les composants dans cet ordre : tournesols, rue, feuilles de basilic, orange et clous de girofle. Remuer pendant 3 minutes et laisser refroidir. Avant de commencer à prendre une douche, allumez la bougie. Pendant que vous vous baignez, demandez à votre ange gardien de vous envelopper de sa lumière et de vous ouvrir la voie. Ne pas sécher avec une serviette.

Vous finissez par emballer les ordures dans du papier et les laisser à l'extérieur de votre maison.

Heureusement salle de bain instantanée

Besoin :

Minéral

Basilic

Romarin

Camomille

Cannelle

Mel

Vous devriez faire un mélange avec ces ingrédients un vendredi à l'heure de Vénus. Faites-les bouillir pendant 5 minutes et laissez-les reposer. Ensuite, prenez un bain de la tête aux pieds et, ce faisant, répétez dans votre esprit : « J'ai de la chance et du pouvoir ».

Bain chanceux

Besoin :

Bâton de cannelle

8 feuilles de basilic

9 feuilles de romarin

9 feuilles de thym

Faites bouillir tous les ingrédients, puis placez-le à la lumière de la pleine lune. Le lendemain, il se baigne dans ce mélange. Ne pas sécher avec une serviette.

Se baigner pour attirer l'amour

Besoin :

Cundiamor

Basilic

Menthe

Tournesol

Verveine

3 fleurs jaunes.

Placez tous les ingrédients dans un récipient en verre. Laissez-l'exposé au Soleil et à la Lune pendant trois jours et trois nuits. Prenez ensuite un bain avec ce mélange. Ne pas sécher avec une serviette.

La salle de bains doit être attrayante

Mélangez 4 roses, 4 lys, de la cannelle, des zestes de pomme rouge et de la menthe dans un bol d'eau de pluie. Vous le laissez exposé pendant 2 nuits au clair de lune. Le lendemain, filtrez et baignez-vous dans cette eau. Ne pas sécher avec une serviette.

Salle de bain pour retrouver un amour

Besoin :

7 feuilles de menthe.

4 feuilles de marjolaine.

4 feuilles d'oranger

6 feuilles de verveine

2 clous de girofle

Alcool

Vous devez écraser toutes les plantes, extraire le jus en les pressant. Une infusion est préparée avec des clous de girofle et lorsqu'elle refroidit, l'extrait de plante et l'alcool sont ajoutés. Après votre bain habituel, versez cette infusion sur votre corps. Ne pas sécher avec une serviette.

Bain pour éliminer le mauvais œil

Besoin :

Eau de rivière

Eau de mer.

Eau de pluie.

Minéral

Mélangez les trois eaux avec la rue et portez à ébullition. Une fois refroidi, placez-le dans un récipient et mouillez-le pendant trois jours consécutifs avec le mélange.

Ne pas sécher avec une serviette.

Se baigner pour attirer l'abondance

Besoin :

Bouquets de sauces.

Bâtonnets de sauge

Bouquets de Rompe Saraguey.

5 roses jaunes.

Miel d'abeille.

1 candela verde

Écrasez toutes les plantes avec de l'eau, ajoutez du miel et laissez ce mélange exposé au soleil et à la lune pendant une journée entière.

Vous le divisez en 3 parties et le stockez dans un récipient en verre. Allumez la bougie verte et baignez-vous dans le mélange pendant trois jours consécutifs. Ne pas sécher avec une serviette.

Rituels du mois de janvier

Rituel pour l'argent

Besoin :

-Glace
- L'eau bénite, la bienheureuse
- Grains de maïs
- Vente Marino
- 1 récipient en argile
- Trois bougies vertes flottantes
- Cartouche ou papier parchemin et crayon
- 1 nouvelle aiguille à coudre

Écrivez vos demandes d'argent sur la carte, puis écrivez votre nom sur les bougies avec l'aiguille. Pour purifier vos énergies, vous utiliserez le récipient en argile où vous mettrez la glace et l'eau sacrée, en proportions égales ajoutez trois poignées de sel de mer.

Placez les deux mains sur la casserole afin d'expulser les énergies négatives que vous avez en vous. Sortez vos mains de l'eau, mais ne les séchez pas.

Ajoutez une poignée de maïs dans le récipient et remettez vos mains en arrière pendant trois minutes. La dernière chose que vous ferez est d'allumer les bougies avec des allumettes en bois et de les placer à l'intérieur du récipient. Avec le feu des trois bougies, vous brûlez le papier avec vos souhaits et vous laisserez brûler les bougies.
Les restes de ce sortilège, vous les enterrez quelque part où le Soleil peut les donner, car de cette façon votre désir continuera à recevoir des énergies.

Sort pour la bonne énergie et la prospérité

Besoin :

– 1 feuille de papier bleu

- Vente Marino

- 1 grande bougie plaquée

- 3 Vincens rosa

- 16 petites bougies blanches

Formez un cercle sur la feuille de papier avec le sel. Au-dessus du cercle fait de sel, il structure deux cercles, l'un avec les cinq petites bougies et l'autre à l'extérieur avec les onze autres. Placez la bougie argentée au centre. Les bougies sont allumées dans l'ordre suivant : d'abord celles du cercle intérieur, puis celles du cercle extérieur et enfin celles du centre. Vous devez allumer l'encens avec la plus grande bougie et le placer dans un récipient à l'extérieur des cercles. Lorsque vous faites cela, visualisez vos désirs de prospérité et de succès. Enfin, laissez brûler toutes les bougies. Vous pouvez jeter les restes à la poubelle.

par amour

Besoin :

- 1 orange

- Stylo rouge

- Carta d'or

- 1 candela rossa

- 7 nouvelles aiguilles à coudre

- Ruban rouge

- Ruban jaune

Coupez l'orange en deux et au lieu du centre le papier doré où vous aurez déjà écrit votre nom et celui de la personne que vous aimez cinq fois avec une nuance rouge. Fermez l'orange avec du papier à l'intérieur et tenez-la avec des aiguilles à coudre.

Ensuite, vous l'enveloppez d'un ruban jaune et rouge, il faut l'enchanter. Allumez la bougie rouge et placez la bougie orange devant elle.

Lorsque vous effectuez ce rituel, répétez à haute voix : « L'amour règne dans mon cœur, je suis uni pour toujours (répétez le nom de la personne), personne ne nous séparera. »

Lorsque la bougie s'éteint, vous devez enterrer l'orange dans votre jardin ou dans un parc, de préférence là où il y a des fleurs.

Sort pour faire penser à vous

Prenez un miroir que les femmes utilisent pour se maquiller et mettez une photo de vous derrière le miroir. Ensuite, vous prenez une photo de la personne à laquelle vous voulez penser et la placez face cachée devant le miroir (de sorte que les deux photos se regardent avec le miroir entre elles). Enveloppez le miroir avec un morceau de tissu rouge et attachez-le avec de la ficelle rouge afin qu'ils soient serrés et que les photos ne puissent pas bouger. Celui-ci doit être placé sous le lit et bien caché.

Rituel de santé

Sortilège pour préserver la bonne santé

Éléments nécessaires.
- 1 candela Bianca.
- 1 lettre de l'Ange de votre dévotion.
- 3 encens au bois de santal.
- Charbons.
- Eucalyptus et basilic séchés.
- Une poignée de riz, une poignée de blé.
- 1 assiette ou plateau blanc.
- 8 pétales de rose.
- 1 bouteille de parfum, les gars.
- 1 boîte en bois.

Vous devez nettoyer l'environnement en allumant les charbons dans un récipient métallique. Une fois que les charbons sont bien allumés, vous y mettrez progressivement les herbes séchées et vous vous promènerez dans la pièce avec le récipient, afin que les énergies négatives soient éliminées. Une fois l'encens terminé, vous devez ouvrir les fenêtres pour que la fumée se disperse. Installez un autel sur une table recouverte d'une nappe blanche. Placez la carte de votre choix dessus et placez les trois morceaux d'encens autour d'elle en forme de triangle. Vous devez consacrer la bougie blanche, puis l'allumer et la placer devant l'ange avec le parfum découvert.

Vous devez être détendu, vous devez donc vous concentrer sur votre respiration. Visualisez votre ange et remerciez-le pour toute la bonne santé que vous avez et aurez toujours, cette gratitude doit venir du fond de votre cœur.

Après l'avoir remercié, vous lui donnerez la poignée de riz et la poignée de blé, que vous devrez mettre dans le plateau ou l'assiette blanche.

Sur l'autel, tous les pétales de rose sont saupoudrés, en remerciement des faveurs reçues. Une fois que vous aurez fini de remercier, vous laisserez la bougie allumée jusqu'à ce qu'elle soit complètement consumée. La dernière chose que vous devriez faire est de collecter tous les restes de la bougie, des bâtonnets d'encens, du riz et du blé, et de les mettre dans un sac en plastique et vous le jetterez dans un endroit où il y a des arbres sans le sac.

Placez l'image de l'ange et les pétales de rose à l'intérieur de la boîte et placez-les dans un endroit sûr de votre maison.

Le parfum énergisant que vous portez lorsque vous sentez que les énergies diminuent, alors que vous visualisez votre ange et demandez sa protection.

Ce rituel est plus efficace si vous l'effectuez le jeudi ou le lundi au moment de Jupiter ou de la Lune.

Rituels du mois de février

Rituel avec du miel pour attirer la prospérité.

Besoin :

- 1 candela Bianca

- 1 candela bleue

- 1 Voile Verte

- 3 acméiste.

- 1/4 litre de mel pur

-Romarin.

- 1 nouvelle aiguille à coudre

Le lundi, au plus fort de la Lune, écrivez le symbole de l'argent ($) sur la bougie verte, un pentacle sur la bougie blanche et le symbole astrologique de la planète Jupiter sur la bougie bleue. Ensuite, couvrez-les de miel et saupoudrez-les de cannelle et de romarin, dans cet ordre. Ensuite, placez-les en forme de pyramide, la pointe supérieure étant la bougie verte, la gauche la bougie bleue et la droite étant la bougie blanche. Une améthyste est placée à côté de chaque bougie. Allumez-les et demandez à votre guide spirituel ou à votre ange gardien la prospérité matérielle. Vous verrez les résultats extraordinaires.

Pour attirer un amour impossible

Besoin :

- 1 rose rouge

- 1 Blanca rosa

- 1 candela rossa

- 1 candela Bianca

- 3 bougies jaunes

- Fontaine en verre

- Pentacle #4 de Vénus

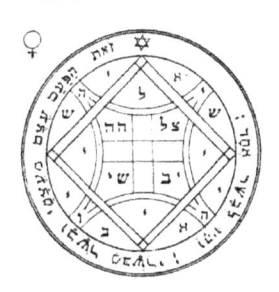

Vous devez placer les bougies jaunes en forme de triangle. Écrivez au dos du pentacle de Vénus vos désirs d'amour et le nom de la personne que vous voulez dans votre vie, placez la source au-dessus du pentacle au centre. Allumez les bougies rouges et blanches et placez-les sur l'assiette avec les roses. Répétez cette phrase : « L'univers tourne vers mon cœur la lumière de l'amour de (nom complet). » Vous le répétez trois fois. Lorsque les bougies s'éteignent, vous emportez tout dans le jardin et l'enterrez.

Rituel de santé

Sort pour douleur chronique.

Articles requis :

- 1 candela d'or
- 1 candela Bianca
- 1 candela verde
- 1 tourmaline
- 1 photo ou objet personnel de vous

- 1 tasse d'eau de lune
- Photographie de la personne ou de l'objet personnel

Placez les 3 bougies en forme de triangle et placez la photo ou l'objet personnel au centre. Placez le verre d'eau de lune sur la photo et versez la tourmaline à l'intérieur. Ensuite, allumez les bougies et répétez l'incantation suivante : « J'allume cette bougie pour réaliser ma guérison, en invoquant mes feux intérieurs et les salamandres et les vagues protectrices, pour transmuter cette douleur et cet inconfort en énergie de guérison de santé et de bien-être. Répétez cette phrase 3 fois. Lorsque vous avez terminé la prière, prenez le verre, sortez la tourmaline et jetez l'eau dans un drain de la maison, soufflez les bougies avec vos doigts et tenez-les pour répéter ce sort jusqu'à ce que vous récupériez complètement. La tourmaline peut être utilisée comme amulette pour la santé.

Rituels du mois de mars

Pepe pour attirer l'argent.

Besoin :

- 7 Poivre

- 7 feuilles de rue.

- 7 grains de gros sel

- 1 petit sac en tissu rouge.

- 1 ruban rouge

- 1 quartz citrins

Mettez tous les ingrédients dans le bagage. Fermez-le avec du ruban adhésif et laissez-le exposé toute la nuit à la lumière de la pleine lune. Ensuite, dormez neuf jours avec sous votre oreiller. Vous devez l'emporter avec vous dans un endroit invisible de votre corps.

Rituel à l'huile pour l'amour

Besoin :

- Huile d'amande

- 7 gouttes d'huile de citron

- 7 feuilles de basilic

- 7 pépins de pomme

- 7 graines de mandarine

- 1 petit bouton en cristal foncé

Vous devez mélanger toutes les huiles dans un plat en verre avec une cuillère en bois. Ajoutez ensuite les feuilles de basilic et les pépins de mandarine et de pomme écrasés. Laissez le mélange reposer à l'extérieur pour une nuit de pleine lune. Le lendemain, filtrez le mélange et versez-le dans un bocal en verre foncé avec un couvercle. Il est destiné à un usage personnel.

Sort pour améliorer la santé

Vous devez prendre une bougie blanche, une bougie verte et une bougie jaune.

Vous les consacrerez (de la base à la mèche) avec de l'essence de pin et les placerez sur une table avec une nappe bleue, en forme de triangle.

Au centre, vous placerez un petit récipient en verre avec de l'alcool et une petite améthyste.

À la base du contenant, une feuille avec le nom du patient ou une photo avec son nom complet et sa date de naissance au dos.
Allumez les trois bougies et laissez-les allumées jusqu'à ce qu'elles soient complètement consumées. Lorsque vous effectuez ce rituel, visualisez la personne en parfaite santé.

Rituels du mois d'avril

Bain pour porter chance.

Besoin :

- Cocotte en métal - 3 citrons, écrasés

- 1 cuillère à soupe de cassonade

- Eau de pleine lune

Remuez les ingrédients et faites-les bouillir pendant 10 minutes. Ensuite, versez ce mélange dans de l'eau chaude dans une baignoire et prenez un bain pendant au moins 15 minutes. Vous pouvez également vous rincer avec si vous n'avez pas de baignoire.

Rituel pour gagner de l'argent.

Coupez un citron en deux et pressez les deux moitiés, en ne laissant que les deux couvercles. Vous n'avez pas besoin de jus de citron, vous pouvez lui donner une autre utilisation. Insérez trois pièces ordinaires à l'intérieur de l'une des moitiés, fermez-les et roulez-les avec un morceau de ruban d'or. Enterrez-le dans un pot avec une plante de loterie. Prenez soin de la plante avec beaucoup d'amour. Laissez les bougies brûler complètement et gardez les pièces dans votre portefeuille, ces trois pièces que vous ne pouvez pas dépenser. Lorsque la feuille de laurier et le romarin sèchent, vous brûlez et faites passer la fumée de cet encens dans votre maison ou votre entreprise.

Rituel pour moi de t'aimer seulement

Ce rituel est plus efficace si vous l'effectuez pendant la phase du croissant de lune gibbeuse et le vendredi au temps de Vénus.

Besoin :
- 1 cuillère à soupe de miel
- 1 Pentacle #5 de Vénus.
- 1 stylo à l'encre rouge
- 1 candela Bianca

- 1 nouvelle aiguille à coudre

Vénère De gnocchi #5.

Vous devez écrire au dos du pentagramme de Vénus à l'encre rouge le nom complet de la personne que vous aimez et comment vous voulez qu'elle se comporte envers vous, vous devez être précis. Ensuite, trempez-le dans du miel et enveloppez-le dans la bougie pour qu'il colle. Vous le fixez avec l'aiguille à coudre. Lorsque la bougie est allumée, enterrez la dépouille et répétez à haute voix : « L'amour de (nom) n'appartient qu'à moi. »

Sort contre la dépression

Vous devez ramasser une figue avec votre main droite et la placer sur le côté gauche de votre bouche sans ne la mâcher ni l'avaler. Ensuite, prenez un raisin avec votre main gauche et placez-le sur le côté droit de votre bouche sans le mâcher.

Lorsque vous avez déjà les deux fruits dans la bouche, croquez-les en même temps et avalez-les, le fructose qu'ils dégagent vous donnera de l'énergie et de la joie.

Aphrodisiaque africain

Vous devez faire tremper six gousses de vanille dans de la tequila pendant deux semaines dans une bouteille hermétique.

Secouez-le plusieurs fois par jour, et lorsque vous en avez besoin, buvez entre dix et quinze gouttes pour stimuler votre libido.

Menthe

La menthe est une plante aromatique et médicinale. Il est populaire pour ses avantages et une variété d'utilisations.

La menthe poivrée fournit à votre corps des protéines, du potassium, du magnésium, du calcium, du phosphore, de la vitamine C, du fer et de la vitamine A. De plus, il est utilisé dans le traitement de l'asthme, pour améliorer la digestion, dans les soins de la peau, pour les nausées et les maux de tête.

Cette plante contient de l'acide ascorbique, qui facilite l'expulsion du mucus, et agit comme un antitussif naturel.

Ses propriétés magiques sont acceptées depuis l'Antiquité. Sa renommée vient de la Grèce et de la Rome antiques, où il était lié aux dieux de la guérison et de la prospérité. On disait qu'apporter de la menthe dans des talismans, ou la brûler comme encens, portait chance.

Au Moyen Âge, la menthe poivrée était utilisée dans les sorts d'amour, car on croyait qu'elle suscitait la passion et renforçait les liens romantiques.

Cette plante possède des propriétés protectrices et est utilisée pour créer un bouclier magique contre le mauvais œil ou la sorcellerie. Il est utilisé pour éloigner les énergies négatives et augmenter la capacité de concentration.

Romarin

Le romarin est utilisé pour traiter les étourdissements et l'épilepsie. Le stress et certaines maladies chroniques peuvent également être traités avec le romarin. Il est très utile pour calmer l'anxiété, la dépression et l'insomnie.

Le romarin a des propriétés antiseptiques, antibactériennes et antifongiques qui aident à améliorer le système immunitaire. Il aide à améliorer et est utilisé pour traiter les migraines et d'autres types de maux de tête.

Le romarin émet de puissantes vibrations purifiantes lorsqu'il est brûlé, c'est pourquoi il est utilisé pour purifier et se débarrasser des énergies négatives.

Lorsque vous le mettez sous votre oreiller, il vous garantit des rêves sans cauchemar. Dans les bains spirituels, il purifie.

Le romarin est utilisé dans l'encens de l'amour et des désirs sexuels.

Ail

L'ail a des propriétés ésotériques et médicinales. Il sert d'expectorant, d'antispasmodique, d'antiseptique et d'antimicrobien.

L'ail est un puissant sort d'abondance. Plusieurs gousses d'ail, sécurisées par du ruban rouge, doivent être placées derrière la porte d'entrée de votre maison pour créer un bouclier contre la pénurie.

De la même manière que le sel agit comme un protecteur ou le vinaigre comme un bloquant, l'ail s'est avéré être le neutralisant et purificateur le plus efficace contre les mauvaises énergies. Les magiciens de l'Antiquité le recommandaient dans presque toutes leurs formules.

L'ail est considéré comme un symbole de prospérité et, en tant qu'amulette, il a la capacité d'attirer de l'argent.

Depuis l'Antiquité, il a été utilisé pour éloigner les démons, les esprits et les vampires mythiques.

Il est recommandé de se baigner avec des gousses d'ail cuites et filtrées. Cette eau est appliquée sur la tête et élimine les états dépressifs.

Rituels du mois de mai

Rituel pour attirer de l'argent instantanément.

Besoin :

- 5 brins de cannelle

- 1 zeste d'orange séché

- 1 litre d'eau bénite

- 1 Voile Verte

Portez à ébullition la cannelle, le zeste d'orange et un litre d'eau, puis laissez reposer le mélange jusqu'à ce qu'il refroidisse. Versez le liquide dans un pulvérisateur. Allumez la bougie dans la partie nord du salon de votre maison et vaporisez toutes les pièces en répétant : « Ange de l'Abondance, j'invoque ta présence dans cette maison pour que rien ne manque et que nous ayons toujours plus que ce dont nous avons besoin ». Lorsque vous avez terminé, remerciez trois fois et laissez la bougie allumée. Vous pouvez le faire un dimanche ou un jeudi à l'heure de la planète Vénus ou Jupiter.

Sort pour attirer votre âme sœur

Besoin :

- Feuilles de romarin

- Feuilles de persil

- Feuilles de basilic

- Casserole en métal

- 1 bougie rouge en forme de cœur

- Huile essentielle de cannelle

- 1 cœur dessiné sur papier rouge

-Alcool

-Essence de lavande

Vous devez d'abord consacrer la bougie avec de l'huile de cannelle, puis l'allumer et la placer à côté de la casserole en métal. Mélangez toutes les plantes dans la casserole. Écrivez sur le cœur en papier toutes les caractéristiques de la personne que vous voulez dans votre vie, écrivez les détails. Ajoutez cinq gouttes d'huile de lavande sur le papier et placez-le dans la casserole. Vaporisez-le avec de l'alcool et du feu. Tous les restes doivent être éparpillés sur le bord de la mer, pendant que vous vous concentrez et demandez à cette personne de venir dans votre vie.

Rituel de santé

Besoin :

6 feuilles de romarin

6 feuilles de lavande

6 pétales de rose blanche

6 feuilles de menthe

1 bâton de cannelle

Faites bouillir tous les ingrédients et laissez-les reposer toute la nuit, si possible à la lumière de la pleine lune.

Le lendemain, baignez-vous avec le mélange, ne vous séchez pas avec une serviette, laissez votre corps absorber ces énergies.

Rituels du mois de juin

Rituel pour attirer plus d'argent.

Besoin :

- 3 cuillères à soupe de thé

- 3 cuillères à soupe de thym

- 1 bouchée de noz-moscacada

- 3 charbons

- 1 casserole en métal avec poignées

- 1 cofre chiquito

Mettez les charbons dans la casserole, allumez-les et ajoutez les autres ingrédients. Lorsque le feu s'éteint, placez les restes dans la petite boîte et conservez-les dans votre chambre pendant onze jours. Ensuite, enterrez-le dans un pot ou dans votre jardin. Vous devriez commencer ce rituel le jeudi.

Rituel pour consolider l'amour

Ce sort est le plus efficace dans la phase de pleine lune.

Besoin :

- 1 boîte en bois

-Photographie

-Miel

- Pétales de rose rouge

- 1 quartz améthyste

- Bâton de cannelle

Vous devez prendre les photos, écrire les noms complets et les dates de naissance, les mettre à l'intérieur de la boîte pour qu'elles se fassent face. Ajouter le miel, les pétales de rose, l'améthyste et la cannelle. Vous mettez la boîte sous votre lit pendant treize jours. Après ce temps, sortez l'améthyste de la boîte, lavez-la avec de l'eau de lune. Vous devez le garder avec vous comme une amulette pour attirer l'amour que vous désirez. Le reste, vous devriez l'emmener dans une rivière ou une forêt.

Bain protecteur avant l'intervention

Éléments nécessaires.

- Pieu de Sino

- Eau de coco

- Écorce

- Cologne 1800

- Toujours vivant

- Feuilles de menthe

- Feuilles de rue

- Feuilles de romarin

- Candela Bianca (en)

- Essence de lavande

Ce bain est plus efficace si vous le faites un jeudi au moment de la Lune ou de Mars.

Faites bouillir toutes les plantes dans de l'eau de coco, une fois refroidie, filtrez et ajoutez l'écorce, l'eau de Cologne, l'huile de lavande et allumez la bougie dans la partie ouest de votre salle de bain.

Versez le mélange dans l'eau du bain. Si vous n'avez pas de baignoire, vous la jetez sur vous-même et ne vous desséchez pas.

Rituels du mois de juillet

Nettoyer les entreprises pour assurer la prospérité.

Besoin :

- Feuilles de basilic

- 7 gousses d'ail

- Feuilles de romarin

- Feuilles de sauge

- 7 feuilles de rue

- 7 feuilles de menthe

-Origan

- 7 feuilles de persil

- Vente Marino

- 10 litres d'eau bénite ou d'eau de pleine lune

Faites cuire tous les ingrédients sur une période d'une heure. Lorsqu'il fait froid, filtrez et étalez sept cuillères à soupe de ce liquide dans les coins intérieurs et extérieurs de votre entreprise pendant neuf jours d'affilée. Vous devriez toujours commencer ce rituel au moment de la planète Vénus ou Jupiter.

Édulcorant gitan

Vous prenez une bougie rouge et la consacrez avec de l'huile de tournesol. Écrivez le nom complet de la personne que vous souhaitez garder. Garnissez ensuite de cassonade. Lorsque la bougie a suffisamment de sucre attaché, coupez l'embout et allumez-la par le bas, c'est-à-dire à l'envers. Lorsque vous allumez la bougie, répétez dans votre esprit : « En allumant cette bougie, j'allume la passion de (prononcez le nom de la personne) afin que notre relation soit plus douce que le sucre. » Lorsque la bougie est épuisée, vous devez l'enterrer, mais avant de fermer le trou, saupoudrez de cannelle.

Se baigner pour être en bonne santé

Besoin :

Bâton de cannelle

8 feuilles de basilic

9 feuilles de romarin

9 feuilles de thym

Faites bouillir tous les ingrédients, puis placez-le à la lumière de la pleine lune. Le lendemain, il se baigne dans ce mélange. Ne pas sécher avec une serviette.

Rituels du mois d'août

Rituel pour l'argent

Besoin :

-Jeu

- Encens au bois de santal

- 1 bougie en argent, en forme de pyramide.

Allumez de l'encens et répandez la fumée dans tous les coins de votre maison. Laissez l'encens brûler et allumez la bougie en argent. Concentrez-vous sur votre commande pendant un moment jusqu'à ce que vous la voyiez. Répétez trois fois la phrase suivante : « Nouvelle Lune, donne-moi la force d'affronter mes problèmes économiques, tu es mon guide pour trouver la prospérité et l'argent. Je reçois votre puissante énergie avec gratitude. Ensuite, vous devez laisser la bougie et l'encens brûler complètement. Vous pouvez jeter les déchets à la poubelle.

Sort pour se transformer en aimant

Pour avoir une aura magnétique et attirer les femmes, ou les hommes, vous devez fabriquer un sac jaune contenant le cœur d'une colombe blanche et les yeux d'une TORTUE poudrée. Ce sac doit être porté dans votre poche droite si vous êtes un homme. Les femmes porteront ce même sac, mais à l'intérieur du soutien-gorge sur le côté gauche.

Bain de santé

Besoin :

Eau de rivière

Eau de mer.

Eau de pluie.

Rue

Mélangez les trois eaux avec la rue et portez à ébullition. Une fois refroidi, placez-le dans un récipient et mouillez-le pendant trois jours consécutifs avec le mélange.

Ne pas sécher avec une serviette.

Bambou

Le bambou est une plante d'une grande signification spirituelle et a une grande valeur, non seulement pour ses utilisations pratiques, mais aussi pour son symbolisme spirituel. Il est lié à la résilience et à l'humilité.

Le bambou, dans la culture japonaise, symbolise la vie et la mort, car cette plante ne fleurit et ne génère des graines qu'une fois dans sa vie.

Le bambou est utilisé contre le mauvais œil. Enregistrez votre

Des vœux sur un morceau de bambou et enterrez-le dans un endroit isolé, ils seront exaucés immédiatement.

En médecine traditionnelle chinoise, le bambou est utilisé pour les problèmes osseux, articulaires et cutanés. Une substance appelée « bambou » est extraite des nœuds de la tige de bambou, qui est un élément essentiel au bon fonctionnement de notre tissu osseux et de notre peau.

Citrouille

Les anciens Égyptiens considéraient la citrouille comme un symbole de chance, les Grecs soutiennent que les citrouilles sont un symbole de fertilité et de solvabilité économique.

Au Moyen Âge, les citrouilles étaient considérées comme des symboles de prospérité.

Les citrouilles sont définitivement liées à la prospérité et sont également considérées comme des symboles de régénération. Il est très courant en Orient de manger des graines de citrouille dans des rituels de transformation spirituelle le jour de l'équinoxe de printemps.

La citrouille aide à lutter contre les maladies chroniques. Les citrouilles sont riches en alpha-carotène, bêta-carotène et bêta-crypto-xanthine, qui neutralisent les radicaux libres et préviennent les dommages à nos cellules.

Le bêta-carotène fournit à l'organisme la vitamine A dont nous avons besoin, et il a été démontré que la vitamine A et le bêta-carotène aident à prévenir le risque de cataracte. La citrouille est riche en vitamine C, ce qui augmente le nombre de globules blancs dans le corps.

Eucalyptus

L'eucalyptus a de nombreux bienfaits spirituels. Il est considéré comme un moyen naturel d'aider à ouvrir la voie lorsque nous sommes en difficulté.

Son arôme rafraîchissant et relaxant donne la paix intérieure et aide à éloigner les énergies négatives. L'odeur de l'eucalyptus stimule la concentration et nous aide à nous connecter avec notre moi intérieur.

Cette plante soulage les infections et les maladies respiratoires, désinfecte l'environnement contre les processus viraux, réduit l'inflammation de la peau, prévient la sécheresse cutanée et désinfecte les plaies.

Il est balsamique et expectorant, car il stimule les cellules sécrétoires de la muqueuse bronchique.

Si vous faites bouillir des feuilles d'eucalyptus et vaporisez votre maison, vous transmuterez les énergies autour de vous.

Persil

Le persil est lié à la chance, à la protection, à la santé et aux rituels pour attirer l'argent.

Les propriétés ésotériques du persil sont connues depuis l'Antiquité. Homère dans son œuvre « L'Odyssée » mentionne le persil.

Les Grecs considéraient le persil comme une plante sacrée et le plantaient comme condiment et comme plante porte-bonheur. Charlemagne l'a fait planter dans les jardins de son palais au IXe siècle, et il est devenu à la mode à l'époque.

Les Grecs et les Romains plaçaient des guirlandes de persil sur leurs tombes et les gladiateurs les utilisaient dans les batailles parce qu'elles leur donnaient ruse et force.

Laurier

Depuis l'époque des Grecs et des Romains, le laurier a joué un rôle important dans le monde ésotérique et métaphysique.

Les rois, les empereurs et les nobles portaient une couronne de laurier comme symbole d'honneur et de chance, car le laurier dans leur civilisation était une plante divine avec laquelle le dieu Apollon était vénéré.

Laurel attire l'argent et la prospérité pour ceux qui la possèdent. Cette plante est également utilisée pour effectuer de puissants rituels de purification énergétique.

Il est protecteur par excellence, et est utilisé comme une amulette pour éloigner les forces négatives.

Rituels du mois de septembre

Il attire l'abondance matérielle.

Besoin :
- 1 pièce d'or ou un objet en or, sans pierres.
- 1 pièce de cuivre
- 1 Monet d'Argenton

Par une nuit de lune croissante avec des pièces de monnaie à la main, dirigez-vous vers un endroit où les rayons de la lune les illuminent. Les mains levées, vous répéterez : « Lune, aide-moi pour que ma chance grandisse toujours et que la prospérité soit toujours avec moi. » Faites toucher les pièces dans vos mains. Ensuite, vous les garderez dans votre portefeuille. Vous pouvez répéter ce rituel tous les mois.

Sortilège d'amour au basilic et au corail rouge

Besoin :
- 1 vase avec une plante à fleurs jaunes
- 1 corail rouge
- Feuilles de basilic
- 1 feuille de papier jaune
- 1 fil rouge
- Cannelle en poudre

Écrivez votre nom et le nom de la personne que vous aimez sur papier. Pliez-le en quatre parties et enveloppez-le de feuilles de basilic. Vous l'attachez avec le fil rouge. Vous l'enterrez dans le pot et y mettez du corail rouge. Avant de refermer le trou, saupoudrez de cannelle. Chaque jour de la Nouvelle Lune, vous versez de l'eau de miel dessus.

Rituel de santé

Besoin :
-1 cuillère à soupe de miel
-1 cuillère à soupe de vinaigre de cidre de pomme ou de vinaigre blanc

Pendant le croissant de lune, avant de partir au travail, et au plus fort de la planète Jupiter ou

Vénus, l'avez-vous les mains comme d'habitude. Ensuite, lavez-les avec du vinaigre, versez du miel dessus et rincez-les à nouveau, mais ne les séchez pas, tout en faisant ce rituel répétez dans votre esprit : « La santé viendra et restera avec moi ». Puis il applaudit vigoureusement.

Rituels du mois d'octobre

Rituel pour assurer la prospérité

Besoin :

- 1 Table ronde
- 1 chiffon jaune
- 3 bougies dorées
- 3 bougies bleues
- Blé
- Riz

Dans un endroit isolé et calme de votre maison, vous mettrez une table ronde, que vous nettoierez avec du vinaigre.
Placez le chiffon jaune sur le dessus. Allumez les 3 bougies dorées en forme de triangle en commençant par la bougie à la fin dans le sens des aiguilles d'une montre. Entre les deux, jetez une poignée de blé et, ce faisant, visualisez toute la

prospérité que votre nouvelle entreprise vous apportera.

La deuxième nuit, les 3 bougies bleues sont placées à côté des bougies dorées, elles sont allumées et là où se trouve le blé, une poignée de riz est ajoutée. Concentrez-vous sur votre succès. Lorsque les bougies sont brûlées, vous enveloppez tout dans le tissu jaune et l'enterrez.

Sortilège pour se soumettre dans l'amour

Besoin :
- 1 bouteille en verre foncé avec couvercle
- Certaines des personnes à dominer
- Feuilles de rue
-Cannelle
- 3 rubans noirs
- 1 aimant

Vous devez mettre vos ongles, votre aimant, vos feuilles de rue et votre cannelle à l'intérieur de la bouteille. Couvrez le pot et enveloppez-le de rubans noirs. Vous l'enterrez et lorsque vous fermez le trou, vous devriez uriner dedans.

Bain de persil pour la santé.

Vous devriez prendre des feuilles de persil, de menthe. Cannelle et miel. Mettez les plantes dans une casserole et faites cuire pendant trois minutes, sans porter à ébullition.

Ajouter le miel et la cannelle, puis filtrer. Prenez une douche comme vous le faites habituellement, à la fin de la douche, versez l'eau que vous avez préparée sur votre corps, du cou vers le bas, en pensant positivement à attirer beaucoup de santé à votre corps.

Nettoyage énergétique avec un œuf

Il existe plusieurs options pour cette procédure. Besoin :

- 1 œuf frais, de préférence du blanc d'œuf.
- 2 tasses en verre avec de l'eau, un ordinaire et une plus grande.
- 1 contenant en céramique ou en verre.
- Sel
- 1 candela Bianca
- 1 bâton d'encens
- 1 amulette protectrice, talisman ou quartz.

Prenez un récipient en verre séparé, versez-y l'eau et ajoutez 9 cuillères à café de sel de mer. Laissez les œufs que vous allez utiliser à l'intérieur pendant

5 minutes et, pendant ce temps, prenez le plus grand verre et remplissez-le d'eau. C'est dans ce verre que vous casserez l'œuf, au bon moment.

Allumez la bougie blanche et l'encens à côté du verre de taille normale, que vous devez également remplir d'eau, et ajoutez 3 cuillères à café de sel de mer pour recueillir les énergies négatives qui peuvent provenir du nettoyage.

Vous portez du quartz protecteur, une amulette, un abri ou tout ce que vous utilisez pour une protection magique et énergétique.
Lorsque vous allumez la bougie et l'encens, demandez l'aide et la protection de vos maîtres spirituels, guides, anges, ancêtres protecteurs, dieux ou saints de votre dévotion.
Prenez ensuite l'œuf et passez-le sur tout le corps et son contour en faisant des cercles et en répétant :

« Tout comme cet œuf traverse mon corps, il est nettoyé des énergies maléfiques, du mauvais œil, de l'envie et de la magie noire. Puisse tout le mal que je traîne passer de mon corps à cet œuf, et que mon aura soit libre de toute saleté et malice, d'obstacles ou de maladies, et que l'œuf rassemble tout ce qui est mauvais.
Vous devez accentuer les étapes de nettoyage dans des zones spécifiques du corps telles que la tête, le front, la poitrine, les mains, l'estomac, au-dessus

des organes génitaux, les pieds, la nuque, la région cervicale et le dos.
Ensuite, vous cassez l'œuf dans le verre que vous avez préparé pour lui et essayez de lire sur les formations qui se produisent dans l'eau. Vous devriez le faire après quelques minutes.

En ce qui concerne l'interprétation, les bases sont que le jaune va généralement au fond du verre lorsque nous cassons l'œuf. S'il reste au milieu, ou s'il augmente, c'est un signe négatif.

Une pierre précieuse sanglante indique des énergies maléfiques persistantes, un mauvais œil, un noir ou d'anciennes œuvres de magie. L'œuf peut également être accompagné de formations de différents pics et bulles ascendants.
Si des bulles apparaissent autour de la pierre précieuse vers le haut, il y a de l'envie et de la négativité autour d'elle, ce qui l'empêche d'avancer. Cela peut causer de l'inconfort physique, de la fatigue et un manque d'énergie.

Si le jaune a l'air cuit et que le blanc est trop blanc, il y a de fortes chances qu'il y ait de puissantes énergies négatives qui se cachent autour de vous, qui pourraient travailler contre vous pour fermer vos chemins, causer le malheur dans votre maison et couler votre vie. Dans ce cas précis, j'envoie immédiatement la personne chez le médecin pour un contrôle général.

Rituels du mois de novembre

Édulcorant pour attirer de l'argent rapidement.

Besoin :

- 1 billet ayant cours légal, quelle que soit sa valeur.
- 1 récipient en cuivre
- 8 pièces d'or ayant cours légal ou des pièces chinoises.
- 1 branche de basilic séché
- Grains de riz.
- 1 sac d'or
- 1 ruban jaune
- 1 craie blanche
-Sel
- 9 bougies dorées.
- 9 bougies vertes

Vous tracez un cercle à la craie blanche, de préférence sur le patio (si vous n'avez pas cette possibilité, faites-le sur le sol d'une pièce avec des fenêtres, afin qu'elles puissent être ouvertes). Lorsque minuit est terminé, vous devez placer le récipient en cuivre au centre du cercle, plier la buse en quatre parties égales et la placer à l'intérieur du récipient en cuivre.
Dans ce récipient, vous devez également mettre du basilic séché, du riz, du bagage, un ruban jaune et huit pièces de monnaie. Autour du récipient, à l'intérieur du cercle, vous placerez les neuf bougies vertes. À l'extérieur du cercle se trouvent les neuf bougies dorées.

Avec le sel de mer, vous ferez un troisième cercle à l'extérieur des deux rangées de bougies. Ensuite, allumez les bougies vertes, dans le sens des aiguilles d'une montre, en répétant à haute voix l'incantation suivante : « Je demande au Soleil de me remplir d'or, je demande à la Lune de me remplir d'argent, et je demande à la grande planète Jupiter de me couvrir de richesses. »

Lorsque vous avez terminé l'invocation, commencez à allumer les bougies dorées, mais cette fois dans le sens inverse des aiguilles d'une montre, et répétez la prière précédente.

Lorsque les bougies ont brûlé, balayez tous les déchets vers la porte de sortie, récupérez-les et placez-les dans un sac en nylon. Ce sac doit être jeté à un carrefour.
Le riz, le basilic et les sept pièces d'or sont placés à l'intérieur du sac et attachés avec un ruban. Cela servira d'amulette. La facture doit être conservée dans votre sac ou votre portefeuille.

Rituel pour l'union de deux personnes

Besoin :
- 1 sous-vêtement de rechange pour chaque personne (utilisé)
- 1 aimant
- Palo Santo (en)
- 8 feuilles de rue
- 2 œufs de pigeon
- Eau sacrée
- 2 plumes de pigeon blanc
- 1 boîte en bois de taille moyenne.
- 2 petites poupées de chiffon (femelle et mâle)

Écrivez les noms correspondants sur les poupées de chiffon. Placez les deux vêtements de rechange à l'intérieur de la boîte et les poupées sur le dessus en forme de croix.
Placez l'aimant au centre de cette croix. Placez les feuilles de rue, les deux plumes sur le dessus et

fermez la boîte. Vous le vaporisez d'eau bénite et la fumée de Palo Santo le traverse. Vous l'enterrez au pied d'un spirit.

Purification de l'énergie chamanique

Les nettoyages énergétiques chamaniques utilisent des éléments indigènes tels que des plumes, de la fumée végétale ou des résines. L'utilisation de sons tels que des tambours, des maracas, des hochets aide également à débloquer les champs d'énergie. Ces nettoyages sont simples, la personne est généralement debout ou assise, bien qu'il puisse être effectué dans n'importe quelle position. Cela peut être fait sur des enfants, des animaux, des objets et des espaces.

Besoin :
- 6 feuilles de romarin
- 6 feuilles de lavande
- 6 pétales de rose blanche
- 6 feuilles de menthe
- 1 bâton de cannelle

Tous les ingrédients sont bouillis et laissés au repos toute la nuit, si possible à la lumière de la pleine lune.

Le lendemain, baignez-vous avec le mélange, ne vous séchez pas avec une serviette, laissez votre corps absorber ces énergies.

Rituels pour le mois de décembre

Rituel de trésorerie

Besoin :
- 2 pièces d'argent de n'importe quelle valeur nominale
- 1 récipient en verre transparent
- Eau sacrée
- Vente Marino
- Lait frais
- Pierre d'améthyste

Ajoutez l'eau bénite et le sel de mer dans le bol. Mettez les pièces dans l'eau et répétez dans votre esprit : « Tu te purifies et tu te purifies, tu me fais prospérer. » Deux jours plus tard, les pièces sont sorties de l'eau, le jardin est creusé, un trou est creusé et les pièces et l'améthyste sont enterrées. Si vous n'avez pas de jardin, enterrez-les dans un endroit où il y a de la terre. Lorsque vous avez enterré les pièces, avant de fermer le trou, versez du lait frais dessus. Pensez au montant d'argent que vous souhaitez recevoir. Une fois que vous avez fait vos vœux, vous pouvez boucher le trou. Essayez de le cacher du mieux que vous pouvez afin que personne ne creuse à nouveau. À six semaines, déterrez les pièces de monnaie et l'améthyste, emportez-les toujours avec vous comme amulettes

Sort pour séparer et attirer

Besoin :

-Ammoniac

-Vin rouge

- Miel d'abeille

- Baume silencieux.

- Verre

- Verre.

Pour séparer, vous devez entrer le nom de la personne que vous souhaitez retirer à l'intérieur d'une tasse avec de l'ammoniac. Tenez cette tasse en verre en hauteur jusqu'à ce qu'elle sèche.

Pour vous rejoindre, mettez du vin rouge, du miel, un baume calmant et un morceau de papier avec votre nom complet écrit dessus et le nom de l'autre personne dessus. Vous laissez ce verre pendant cinq nuits devant une bougie jaune. Lorsque ce temps est terminé, jetez tous les restes dans une rivière.

Sort pour augmenter votre santé

Besoin :

- 3 bougies blanches

- 2 bougies orange

- 4 oranges (fruits)

- 1 nouvelle aiguille à coudre

-Jeu

Cette période commence un dimanche par temps ensoleillé. Prenez une bougie blanche et, avec l'aiguille, écrivez votre nom dessus. Coupez l'orange, mangez-en un petit morceau. Allumez votre bougie et répétez dans votre esprit : « En mangeant ce fruit, j'absorbe le pouvoir de Râ. »

Ce rituel est répété de la même manière et au même moment les deux dimanches suivants. Le dernier dimanche du mois, le rituel a une petite différence.

Prenez les deux bougies orange et tenez-les dans la direction du soleil levant en répétant : « Puissant Ra, que ces bougies durent avec ta puissance. » Allumez des bougies et placez une orange complètement pelée à côté d'elles. Vous levez l'orange et répétez : « Avec cela, je relie votre pouvoir au mien ». Vous laissez les bougies brûler.

Qu'est-ce qu'une cure énergétique ?

Le nettoyage énergétique consiste à nettoyer notre champ d'énergic et à le protéger. Souvent, nos énergies sont polluées parce que tout le monde et tout, y compris notre maison et notre lieu de travail, risque d'être victime des influences énergétiques nocives qui sont libérées dans le monde d'aujourd'hui.

Les déficiences psychologiques des gens, l'utilisation abusive des énergies intérieures, la magie noire que les mauvaises personnes ayant du pouvoir utilisent sans réfléchir, les attaques de ceux qui sont dégoûtés par nos triomphes, le ressentiment et l'envie sont des facteurs qui provoquent des vibrations d'énergie négatives. Tous sont nocifs non seulement pour les humains, mais aussi pour les animaux.

Si vous n'avez jamais fait de nettoyage spirituel ou énergétique, votre énergie est probablement contaminée par divers cordons d'énergie et il est vital de la purifier.

Un obstacle commun à la capacité d'éliminer les énergies négatives est que presque tout le monde a une idée fausse du concept d'énergie. Dans l'univers, tout est énergie, la vie sous toutes ses formes dépend de l'énergie, et l'énergie est impliquée dans tous les processus fondamentaux.

L'énergie est la capacité de créer le changement et la transformation. L'énergie peut être extériorisée sous forme d'énergie potentielle, qui est de l'énergie stockée, ou d'énergie cinétique, qui est de l'énergie en mouvement. Il est probable que ces deux formes d'énergie seront échangées de manière équivalente, l'une avec l'autre. En d'autres termes, l'énergie potentielle libérée est transformée en énergie cinétique, et une fois stockée, elle est convertie en énergie potentielle.

L'énergie n'est ni créée ni détruite, mais seulement transformée. Tous les êtres humains, animaux, plantes ou minéraux ont la capacité de rayonner de l'énergie et de la transmettre, en consommant l'énergie des autres.

Les êtres humains échangent constamment de l'énergie avec d'autres personnes, ou avec l'environnement dans lequel nous vivons, ou nous nous arrêtons pendant des heures. Nous sommes capables de produire de l'énergie avec nos pensées et nos sentiments.

Nos pensées, une fois formulées, se transforment en situations et en événements qui correspondent à ces pensées. C'est-à-dire qu'ils sont transmutés en une énergie qui produit notre réalité. Nous construisons tous notre réalité à partir de nos croyances. Ces croyances façonnent nos futures façons de penser.

Nous sommes des tours qui reçoivent et transmettent des pensées, et comme une antenne de réception de radio ou de télévision, nous captons ce sur quoi nous sommes à l'écoute.

Les types d'énergies, positives ou négatives, que nous rayonnons ou absorbons-les caractérisent à un moment précis. C'est-à-dire que les énergies qui se manifestent ont le potentiel d'être transformées. Une énergie positive peut être transformée en négative, tout comme une énergie négative peut devenir positive.

Parfois, les personnes ayant de faibles vibrations d'énergie peuvent ressentir des blocages énergétiques. Il existe différents types de blocs, certains sont visibles, c'est-à-dire qu'ils sont faciles à trouver. D'autres sont très forts et peuvent endommager votre vie et vous entraîner dans les ténèbres.

Types de serrures électriques

Bloc aurique

Les blocages auriques se produisent dans l'aura des personnes en raison de la distorsion des énergies. Ces blocages se produisent en raison de l'énergie piégée.

Une autre cause fréquente est due aux énergies négatives externes qui pénètrent dans l'aura. Les exemples incluent les empreintes digitales éthériques, les implants et les chaînes d'énergie qui sont des produits de la magie noire ou de la magie rouge.

Lorsqu'il y a un blocage dans l'aura, des symptômes peuvent apparaître qui sont liés à l'énergie qui a causé le blocage ou à l'endroit où il se trouve.

Blocage des chakras

Les chakras font partie de votre champ d'énergie. L'énergie circule à travers vos corps énergétiques et dans votre corps physique à travers les chakras. Il y a sept chakras fondamentaux dans le système énergétique. Tout le monde a des manifestations différentes pour montrer un blocage énergétique.

Chakra racine, situé à la base de la colonne vertébrale et lié à la survie. **Chakra sacré**, situé dans le bas-ventre. Il est lié aux émotions et à l'amour physique. **Chakra du plexus solaire**, situé dans l'abdomen et associé au pouvoir personnel, à la discipline et à la maîtrise de soi. **Chakra du cœur,** situé au centre de la poitrine. Elle est liée à l'amour. Il est lié à la joie, à la paix, à l'espoir et à la bonne fortune. **Chakra** de la gorge, situé dans la région du cou. Il est associé à la communication et à la créativité. **Chakra du troisième œil**, situé au-dessus des yeux, entre les sourcils. Il est lié à la clairvoyance, à l'intuition, à l'imagination et à la perception. **Chakra de la couronne**, situé sur la tête. Il est lié à la connaissance et à la transformation spirituelle. Il relie les corps physique, émotionnel, mental et spirituel.

Lorsqu'il y a un blocage dans l'un des chakras, cela affecte l'ensemble du système des chakras, nuisant à votre santé physique et mentale. Un chakra bloqué perturbe l'activité de l'ensemble du système énergétique car il limite la capacité de transmission et d'attraction de l'énergie.

Blocage émotionnel

Le blocage émotionnel est l'un des plus compliqués, car il se produit dans plusieurs corps énergétiques à la fois. On le trouve principalement dans la couche émotionnelle du champ aurique.

Lorsqu'un blocage est généré dans le corps émotionnel, les chakras sont soudainement affectés, en particulier le chakra sacré et les méridiens. Les couches auriques se connectent les unes aux autres, ce qui signifie que l'énergie doit passer à travers une couche pour atteindre les autres. Si une couche est bloquée, l'énergie ne peut pas circuler vers tous les points centraux du corps.

Blocage mental

Le blocage mental a lieu dans le corps mental, l'une des sept couches auriques. Tous les blocages dans la couche mentale affectent votre subconscient.

Le subconscient est responsable de 90% de nos pensées quotidiennes, mais il est régulièrement inconscient de générer ces pensées. Pour cette raison, il est très facile pour un blocage mental de se produire, et vous ne le savez pas. Un blocage dans la couche mentale induit un blocage dans la couche émotionnelle. Le cas typique lorsqu'il y a des schémas de pensée négatifs.

Blocage des méridiens

Les méridiens sont comme de petits fils qui transportent l'énergie des couches d'énergie dans la couche physique. Chaque méridien a des caractéristiques spécifiques. Lorsqu'il y a un blocage des méridiens, c'est tout le champ d'énergie qui est affecté. Les émotions provoquent souvent des blocages dans les méridiens, c'est-à-dire que l'énergie émotionnelle reste stagnante dans le méridien.

Bloc spirituel

Le blocage spirituel peut se produire à plusieurs endroits, même en même temps. Le corps spirituel est le plus vulnérable aux énergies négatives et est enclin à absorber différents types d'énergies sombres.

Ces énergies de basse vibration comprennent les attaques psychiques, les empreintes d'énergie, les larves et les implants. Lorsque ce type de blocage se produit, une rupture aurique se produit, et c'est à ce moment-là que la personne est le plus susceptible de tomber malade car elle n'a aucune protection.

Verrouillage des relations

Les blocages psychiques se produisent à cause de vos relations personnelles. C'est l'un des blocages les plus difficiles à diagnostiquer et à guérir, car il se manifeste généralement à différents endroits de notre système énergétique. Les blocages dans les relations se trouvent généralement dans les corps énergétiques émotionnels et mentaux.

Bloquer les vies antérieures

Le blocage de la vie passée s'est produit dans une autre vie, mais il affecte votre réalité actuelle. Ce blocage provient d'actions passées et comprend des contrats d'âme, des cordes d'énergie familières, des souvenirs générationnels ou des malédictions.

Il y a plusieurs signes qui vous permettent de savoir quand vous avez ou développez une sorte de blocage et que votre flux d'énergie est interrompu. Il s'agit notamment de : schémas de pensée négatifs, tendances autodestructrices, stress, anxiété, manque d'énergie, étourdissements, sentiment de blocage, sentiments et comportements erratiques, perte de décision, de motivation et de direction.

Attaques d'énergie

Les attaques d'énergie sont très dommageables, car elles laissent généralement une empreinte d'énergie permanente infiltrée dans notre aura. Les causes les plus courantes sont la magie noire, la magie rouge, la magie bleue, les malédictions et l'envie. Ces types d'attaques ont une vibration à basse fréquence, et parce qu'il s'agit d'énergies si sombres, elles peuvent causer des dommages à notre santé.

La plupart du temps, les attaques d'énergie sont causées par des énergies manipulées par une autre personne, une autre entité ou un autre esprit. C'est le cas lorsque la sorcellerie vous est envoyée, c'est-à-dire que vous êtes victime de magie noire.

Une attaque d'énergie se produit également lorsque vous vous entourez de vampires d'énergie. Il s'agit d'un type de personnes qui se nourrissent de votre énergie en absorbant votre joie, votre tranquillité et votre humeur, et qui peuvent faire partie de votre environnement.

Il y a des vampires énergétiques, qui volent l'énergie des autres sans le vouloir. Ceux-ci sont également dans la catégorie Attaque Psychique. Ce sont des personnes qui n'ont jamais appris à gérer correctement leur propre énergie et, par conséquent, ont tendance à exploiter celle des autres pour couvrir leurs réserves d'énergie.

Au début, ils sont faibles, jusqu'à ce qu'ils apprennent lentement à se nourrir des autres, et à partir de ce moment-là, le schéma est inversé, ils étant les plus énergiques, et nous étant les autres faibles.

Les gens qui sont des vampires énergétiques viennent généralement nous voir pour nous parler de leurs problèmes tout le temps, ils adorent jouer le rôle de victimes, en essayant de nous faire sentir désolés pour eux. Il y en a aussi d'autres qui le courent sans pitié.

La plupart du temps, nous sommes conscients de ce que nous ressentons lorsque nous interagissons avec des vampires énergétiques, mais par routine, par courtoisie ou par tact, nous les laissons-nous agresser émotionnellement et drainer notre énergie.

Les vampires énergétiques existent, ils sont une réalité. Ils ne sont peut-être pas nocturnes, ils ne portent peut-être pas de cape noire et ils n'arborent peut-être pas un sourire acéré, mais ils sont là, tout autour de nous, se nourrissant de l'énergie des autres.

Peut-être sont-ils dans votre environnement de travail, dans votre groupe d'amis ou parmi votre famille. N'importe qui peut être un vampire d'énergie et, très probablement, n'est même pas conscient du mal qu'il fait aux autres. Il se rendra seulement compte qu'après vous avoir parlé, il se sent mieux, réconforté, tandis que vous, en revanche, êtes épuisé. L'échange d'énergie n'est jamais juste pour l'un d'entre eux. Elle boit, sans lui demander la permission.

Il est très important d'apprendre à prioriser nos besoins et à respecter notre temps. La solution n'est pas de rompre la relation avec les personnes que nous aimons, ou que nous aimons, mais d'apprendre à garder nos distances lorsque le vampire énergétique en question nous submerge.

Une autre façon dont les attaques psychiques peuvent se produire est par le biais de vers d'énergie. Ces larves se nourrissent de l'énergie vitale de la personne et, dans certains cas, peuvent générer des maladies, notamment le cancer et la schizophrénie. Il existe une hypothèse cachée selon laquelle les « infections astrales » peuvent générer des maladies oncologiques. Pour cette raison, certains médecins peuvent ne pas trouver de maladie spécifique dans les cas de « syndrome de fatigue ».

Les parasites, ou larves énergétiques, sont ce qu'on appelle les esprits, les fragments astraux, la magie noire, le vaudou, la magie bleue, la magie rouge, les énergies telluriques ou les chaînes d'énergie, qui se sont attachés à une personne par différents moyens.

Ces larves énergétiques vivent sur un plan astral qui a une densité vibratoire plus subtile que ce que nous connaissons, c'est pourquoi on l'appelle astral.

Ces parasites énergétiques interagissent avec notre environnement sans être remarqués, car nos cinq sens sont très limités. Ils ne peuvent être vus ou entendus que par des personnes qui ont la capacité de clairvoyance, ou un autre niveau de conscience, mais ils sont tous alimentés par des énergies négatives.

Selon le type de larve d'énergie, elle éveillera un autre type spécifique de sentiments. Nous pouvons être plus colériques, déprimés, anxieux ou en colère. Lorsque nous arriverons à ces états, nous commencerons à fréquenter des endroits où ces humeurs triplent.

Il y a eu des cas de personnes qui ont des parasites énergétiques qui ont soudainement commencé à vouloir aller dans des cimetières, des maisons abandonnées ou des hôpitaux sans raison apparente, pour donner quelques exemples.

Parfois, ils envoient des parasites ou des esprits énergiques pour nous nuire. L'archétype dépend de la culture ou de la religion. Les plus populaires sont ceux connus sous le nom de démons.

Ces entités se nourrissent de la peur et provoquent des états de panique et de terreur pour augmenter leurs énergies. Nous sommes tous sensibles à ce type de parasite énergétique, mais il y en a qui errent et se cachent chez les personnes qui ont un caractère faible.

Si un enfant en est la victime, ce parasite énergique essaiera d'être son ami et de jouer avec lui, jusqu'à ce qu'il ait la force de commencer à se montrer. Si la victime est un adulte, cette entité va nourrir et augmenter sa capacité énergétique par des manœuvres complexes et élaborées pour nourrir la peur de la personne possédée.

Lorsqu'il aura assez d'énergie, il commencera à être visible et commencera à apparaître sous forme d'ombres. Ces ombres seront insaisissables au début, mais elles deviendront ensuite provocantes et rampantes. Ombres opaques et sans visage avec des traits sombres, des griffes, des cornes ou d'autres figures liées aux démons.

Lorsque ce parasite a suffisamment de force et d'énergie, il essaiera de démontrer son pouvoir et son influence sur sa victime, initiant le contrôle de l'esprit jusqu'à ce qu'il prenne le contrôle total du corps de la victime choisie, ce que nous appelons généralement la possession.

Les personnes qui sont mortes près de nous peuvent devenir des larves d'énergie, bien que lorsqu'elles volent de l'énergie, elles ne le fassent pas aussi consciemment que les précédentes.

Lorsque les gens meurent, ils s'accrochent à leur réalité et refusent de s'en séparer, créant des contextes mentaux qui les empêchent de sortir de cet état de rêve continu. Ces personnes décédées vivent avec nous et souvent ne se rendent pas compte de notre présence. Ils ignorent leur condition et nous passons inaperçus dans leur environnement.

C'est ce qui devrait normalement se produire, mais parfois les défunts commencent à se rendre compte que nous existons, et ils commencent à interagir avec nous en vain parce que nous ne sommes pas intuitivement préparés à les percevoir.

Lorsque vous commencez à faire un effort pour que votre existence soit vue et remarquée, vous utilisez beaucoup d'énergie, que vous obtenez au contact de ces personnes qui sont vivantes.

Lorsque les personnes décédées se rendent compte qu'elles peuvent obtenir cette énergie, dans leur état inconscient, elles commencent à générer des styles parasites et à adhérer à un être vivant avec une telle force que cette personne commence à sulfiter toute la pression que l'être décédé exerce sur elle. Cela peut se manifester sous la forme d'une maladie ou d'états dépressifs.

La seule façon de nous purifier de ces énergies est de demander à nos êtres de lumière, ou guides spirituels, que le défunt continue son voyage et retourne là où il devrait être.

Ces parasites énergétiques peuvent se loger dans le corps physique, dans la région de la tête, dans les parties dorsale, lombaire et sacrée du dos. Sa présence se manifeste par des maux de dos, une fatigue excessive, des problèmes de sommeil, des cauchemars, une vision terne, la sensation d'avoir un poids supplémentaire sur le dos, l'anxiété, la dépression, le stress, la fatigue, la tentative de suicide et l'abus de substances addictives.

Il existe également certains facteurs de risque par lesquels ces parasites énergétiques, ou larves astrales, peuvent apparaître lorsqu'un événement inattendu se produit, comme le décès d'un membre de la famille proche, l'exposition à des énergies telluriques, des pensées négatives, des relations toxiques, le stress, etc.

Il est conseillé d'être toujours protégé pour ne pas être victime de ces faibles énergies vibratoires, et de protéger notre champ aurique, et de refuser tout lien énergétique.

Câbles d'alimentation

Dans la vie, nous sommes exposés à différents types de câbles énergétiques qui nous polluent et interfèrent avec notre façon de penser et d'agir. Les cordons d'alimentation sont des connexions énergétiques que nous avons avec d'autres personnes, des villes, des choses, des opinions ou des vies antérieures, ainsi que des connexions que d'autres personnes ont avec vous.

Parfois, certains de ces cordons d'alimentation proviennent de vies antérieures ou du temps entre ces vies.

Ces cordons d'énergie peuvent nous affecter de manière positive ou négative, ce qui dépend de la qualité de ces relations. Lorsqu'une relation entre deux membres, ou éléments, est positive, l'échange d'énergie qui a lieu est bénéfique. Dans les cordes énergétiques des relations toxiques, l'énergie échangée est très nocive, elle affecte donc notre vibration énergétique de manière négative.

Du point de vue du champ éthérique, ces cordons d'énergie ont l'apparence d'anneaux, à travers lesquels chaque extrémité des parties se joint et favorise cet échange d'énergies.

Parfois, ces cordons d'alimentation sont si toxiques qu'il est extrêmement difficile de s'en libérer ou de s'en protéger. Ces types de câbles d'énergie sont des liens nocifs que nous cultivons au fil du temps et du soin que nous consacrons à favoriser les relations avec d'autres personnes, des villes, des maisons, des objets, des croyances, des dogmes, des religions et d'autres vies.

Plus la relation est longue, plus le cordon d'alimentation est fort et plus il est difficile de le rompre.

Il y a une sorte de cordon d'énergie qui se développe avec les personnes avec lesquelles nous avons eu des relations amoureuses. En particulier, si la relation a été stable et pendant une longue période, lorsque la relation se termine, ces cordons d'énergie sont puissants et toxiques.

Ces cordons d'énergie, qui dans le passé étaient une source de transmission d'émotions et de sentiments positifs d'amour, deviennent des canaux de transfert du ressentiment à l'autre personne.

Le cordon énergétique est plus toxique et stressant si la rupture a été dramatique ou s'il y a eu trahison. Peu importe si vous ne communiquez pas avec cette personne, ces types de cordons d'alimentation restent actifs, et si vous ne les retirez pas, ils peuvent absorber ou contaminer vos énergies.

Lorsque nous avons des rapports sexuels avec une autre personne, même si la rencontre est courte et occasionnelle, nous créons également des cordons d'énergie. Dans tous les contacts que nous avons sur le plan intime ou émotionnel, nous échangeons des énergies. Les cordons d'alimentation ne sont peut-être pas toxiques, mais vous donnez toujours à cette personne l'accès à votre champ d'énergie et, par conséquent, elle peut voler votre énergie.

Si la relation sexuelle est contre leur volonté, comme c'est le cas dans les abus sexuels, un cordon d'énergie est créé si fort qu'il rend impossible la guérison de la victime.

Il existe une grande diversité de cordes d'énergie relationnelle qui sont nocives. Les principaux sont les liens actuels avec la famille, les ancêtres, les amis et les connaissances, les partenaires et les amants, les étrangers, les animaux domestiques, les lieux, les croyances et les vies antérieures.

Les cordes d'énergie deviennent toxiques lorsque la relation se brise, en particulier lorsqu'il y a dépendance, manipulation, narcissisme, contrôle et jeux de pouvoir.

D'autres fois, les fils de l'énergie toxique ne sont pas liés à des personnes avec lesquelles nous avons une véritable amitié, mais à des personnes qui semblent être des amis et qui sont vraiment envieux et qui volent vos bonnes énergies.

Ce sont les soi-disant amis qui vous approchent dans le but de vous ennuyer avec leurs drames, qui ne se soucient jamais de ce que vous ressentez, qui vous demandent toujours des conseils et qui ont besoin de votre attention et de votre soutien jour et nuit. Une fois que vous interagissez avec eux, vous vous sentez épuisé et votre esprit est abattu.

Encore une fois, avant d'éliminer ces types de cordons d'alimentation, vous devriez honnêtement vous demander les raisons pour lesquelles vous avez autorisé ces types de personnes à entrer dans votre vie.

Parfois, les cordes d'énergie adhèrent à notre aura lorsque nous croisons des inconnus dans la rue, ou lorsque nous nous connectons avec d'autres personnes via les médias sociaux, même si nous n'avons jamais eu de relation physique avec ces personnes.

Cependant, les cordons d'alimentation qui se forment avec des inconnus sont faibles et plus faciles à casser.

Il existe également **des cordons d'énergie de groupe** qui lient deux personnes ou plus qui ont des expériences communes, comme des amis, des couples ou avec des camarades de classe à l'école.

La dynamique des câbles d'énergie d'un groupe reflète la qualité des relations. De plus, chaque membre du groupe, à son tour, dispose de plusieurs cordons d'alimentation qui sont distribués à d'autres groupes beaucoup plus petits au sein du cordon d'alimentation du groupe principal.

Généralement, de nombreux cordons d'alimentation de groupe se composent d'un cordon d'alimentation principal qui a le contrôle sur d'autres individus. Par exemple, lorsqu'un groupe relève d'un directeur d'école, d'un enseignant ou d'un directeur.

La structure des câbles d'alimentation de l'ensemble est similaire à un tissu à plusieurs liaisons. Les séquences d'énergie déterminent le type de relations et l'échange d'énergie entre ses membres.

Les câbles d'alimentation de groupe ont la capacité de fournir une source extraordinaire de soutien énergétique, si la dynamique de groupe est intacte et saine. Dans le cas où la relation de groupe se détériore, ou lorsque plusieurs membres ont des tensions les uns avec les autres, cela peut affecter négativement l'énergie collective du cordon énergétique du groupe et induire une attaque énergétique interne massive.

En plus des cordons d'alimentation qui sont créés entre les humains, il est possible que nous ayons également des cordons d'alimentation avec des animaux qui ont été nos animaux de compagnie. Ces relations sont aussi fortes que celles qui s'établissent entre les êtres humains, voire plus fortes. Habituellement, ces relations ne sont pas toxiques, mais si elles nous ont causé des dommages physiques, ou si nous avons eu une dépendance émotionnelle à l'égard de ces animaux de compagnie, le cordon énergétique devient toxique et affecte notre bien-être.

Nous pouvons également développer des liens énergétiques avec les pays, les capitales et les maisons dans lesquels nous résidons. Ces cordons d'énergie peuvent être positifs ou négatifs. La qualité du cordon d'alimentation dépend de la relation que nous entretenions avec ces lieux.

Peu importe à quelle distance vous êtes d'une ville ou d'un pays, les énergies de cet endroit et les événements négatifs que vous avez vécus continueront à vous affecter à moins que vous ne coupiez les cordons d'énergie négative.

Souvent, beaucoup de gens ont des contrats karmiques qu'ils ont signés dans des vies antérieures, et même des pactes avec des esprits, qui restent avec eux dans cette vie présente. Ces contrats karmiques peuvent être vus sous la forme de connexions et de nœuds éthériques en divers points de vos champs d'énergie.

Il s'agit souvent de contrats de pauvreté et de souffrance dus à des expériences traumatisantes. Régulièrement, les gens qui ont eu des capacités de clairvoyance dans d'autres vies, mais qui ont subi des représailles pour cela, ont tendance à nier leurs capacités intuitives dans cette vie, créant un nœud éthérique dans leur troisième œil.

La raison pour laquelle certains contrats, malédictions ou traumatismes de vies antérieures persistent est qu'il y a une leçon que nous aurions dû apprendre dans une vie antérieure et que nous ne l'avons pas apprise, qu'il y a une leçon à apprendre que nous avons besoin de plus d'une vie, ou que nous n'avons tout simplement pas eu le temps de guérir une malédiction. Un contrat, ou un traumatisme, d'une vie antérieure et s'en débarrasser dans la période entre une existence et une autre.

Les malédictions karmiques générationnelles ressemblent à des contrats karmiques en ce sens qu'elles ont également été créées dans une vie passée et continuent d'affecter la vie présente. Cependant, il y a une différence : les contrats karmiques sont faits de son propre gré, et les malédictions karmiques générationnelles sont héritées d'autres personnes. Ces malédictions sont des attaques psychiques qui peuvent durer de nombreuses vies si elles ne sont pas brisées.

Il y a des cordons énergétiques qui peuvent nous relier à des ancêtres que nous n'avons jamais connus, à des endroits où nous n'avons jamais vécu ou visité, et à des événements que nous n'avons pas vécus dans notre vie actuelle. Il y a des contrats karmiques ancestraux qui ont été hérités de nos ancêtres sans que nous ayons participé à leur choix. De tels contrats ancestraux génèrent des peurs et des attentes que les peurs, ou la volonté d'un ancêtre, se réaliseront.

Parfois, nous avons des cordes d'énergie qui proviennent de vies antérieures. Si un événement traumatisant d'une vie antérieure devient répétitif au cours de nombreuses vies, des cordes énergétiques se forment qui transcendent plusieurs vies, créant une corde puissante qui brise la capacité de cette personne à éliminer ce schéma traumatique. Souvent, tous les traumatismes que nous vivons dans notre vie actuelle sont de petits morceaux de traumatismes de vies passées.

Ceux qui ont vécu un événement traumatisant dans une ou plusieurs vies antérieures, sans le surmonter, vivent leur présent en attendant de le revivre. Ces personnes créent de nouvelles expériences à un niveau subconscient dans les premières années de leur vie avec l'intention de se traumatiser et de renouveler leurs attentes. Habituellement, la façon la plus courante dont ces chaînes d'énergie se manifestent est par des peurs et des phobies.

Une autre forme de corde d'énergie est celle formée avec les croyances. Toutes les croyances que nous avons, positives ou négatives, ont une corde énergétique qui se déploie de notre être dans le schéma de pensée universel de la croyance. La pensée collective est le produit des pensées, des émotions et des énergies de toutes les personnes qui ont déjà eu, ou qui ont encore, une croyance spécifique, ou qui ont collaboré avec elle.

Lorsque nos pensées et nos émotions sont étroitement liées à une croyance spécifique de manière aiguë et permanente, nous nous connectons à ce schéma de pensée collectif, qui nourrit et renforce notre cordon énergétique avec la croyance.

Nous avons souvent des brins d'énergie toxique avec divers objets avec lesquels nous avons maintenu des liens émotionnels, parmi lesquels il y a généralement des lettres, des livres, des photographies, des peintures, des vêtements, des chaussures, etc.

Si la relation avec les personnes qui possèdent ou s'associent à ces objets s'est terminée en mauvais termes, le ressentiment que vous, ou d'autres personnes, ressentez, est immédiatement transféré aux objets. Il ne suffit pas de couper le câble d'alimentation avec des objets, vous devez les nettoyer. Mais au mieux, jetez-les.

Toutes les antiquités familiales qui se transmettent de génération en génération accumulent les énergies de toutes les personnes qui les ont possédées ou qui ont eu des contacts avec elles. En les possédant, vous créez des liens énergétiques avec ces personnes, leurs traumatismes et les expériences qu'elles ont vécues.

Il est sain de vendre, de donner ou de jeter ces objets, car lorsque vous rompez le lien physique, vous coupez automatiquement le cordon d'énergie qui nous relie à eux.

Dans le monde spirituel, nous sommes la somme totale des vies que nous vivons, même si nous n'avons aucun souvenir des événements ou des expériences que nous avons vécus.

Pour l'âme, il n'y a ni espace ni temps. L'âme a la capacité d'accumuler toutes les expériences que nous avons eues dans toutes nos vies passées. La personne que vous êtes aujourd'hui est la somme de toutes vos vies passées.

Le mauvais œil, les malédictions et l'envie

Le mauvais œil, les malédictions et l'envie entrent dans la catégorie des attaques psychiques. Ils se produisent tous lorsqu'une personne vous envoie de fortes vibrations dont l'ingrédient principal est les énergies négatives. Cela peut se produire consciemment ou inconsciemment, mais en raison de l'intensité de ceux-ci, ils sont très nocifs.

Le mauvais œil, les malédictions et l'envie sont beaucoup plus graves lorsque vous entretenez une relation avec cette personne, car le cordon d'énergie qui est créé vous permet d'avoir un accès complet à votre énergie.

Cependant, il peut aussi y avoir des cordons d'énergie entre des personnes inconnues, quelles que soient les limites du temps, car l'énergie a la capacité de transcender le temps et l'espace et d'atteindre toute personne ou objet avec concentration et intention.

Possession psychique

Les possessions psychiques sont courantes, mais elles passent parfois inaperçues. Ils se produisent lorsqu'un esprit de basse vibration, ou âme errante, prend le contrôle du corps d'une personne, provoquant des changements de comportement et une maladie. Cette entité pénètre à travers l'aura.

Lorsqu'une personne décide de se libérer de cet esprit, il est très important qu'elle choisisse quelqu'un de professionnel. Si la personne qui fait l'œuvre ne fait qu'expulser l'esprit, elle cherchera un autre corps dans lequel se loger.

Les symptômes de la possession psychique sont complètement différents des symptômes des autres types d'attaques énergétiques. Il s'agit notamment de l'apathie émotionnelle, des comportements destructeurs, de l'agressivité, de la perte de mémoire, de l'audition de voix et des changements physiques chez la personne possédée.

Connexions psychiques

Les attachements psychiques sont une forme plus douce de possession psychique. Dans cette situation, un esprit détérioré, une âme errante, un objet et même un autre individu sont soumis à l'aura d'une personne, affectant ses comportements et ses habitudes.

Cela se produit parce que la personne est vulnérable dans son champ d'énergie. Il est courant de voir des connexions psychiques lorsque les gens traversent des périodes de dépression, lorsqu'ils prennent des médicaments ou abusent de drogues ou d'alcool.

Un trou s'ouvre dans l'aura pour ces personnes et cela permet à une entité externe de maintenir leur aura, d'absorber leur énergie et d'influencer leurs émotions et leurs comportements.

Les discothèques, ou les endroits où il y a une forte consommation de drogues ou de boissons alcoolisées, sont toujours inondés d'une multitude d'esprits à faible énergie et d'âmes désorientées, qui chassent les ivrognes et les toxicomanes pour maintenir leur aura et se nourrir de leur énergie.

Anime

Ce sont des âmes qui n'ont pas fait leur transition. Cela peut se produire lorsque l'âme s'attache à un membre de la famille ou à une dépendance à une substance. Ces âmes errent sur notre plan terrestre en prenant le contrôle de l'énergie de personnes qui ont les mêmes addictions, ou qui sont victimes de stress, de dépression ou de manque émotionnel.

Cette forme d'attachement psychique est très courante, surtout chez les jeunes.

Transgression psychique

La transgression psychique se produit lorsque nous avons des fantasmes sexuels sur une personne, ou lorsqu'une autre personne fantasme sur nous sexuellement. De tels fantasmes pénètrent dans l'espace énergétique d'une personne, transmettant et créant un crochet énergétique qui sape son énergie essentielle.

Symptômes d'une crise d'énergie

Les attaques d'énergie ont plusieurs symptômes. Il s'agit notamment de l'épuisement, de l'insomnie, des cauchemars, du découragement, de l'anxiété, de la dépression et des accidents.

Même si vous n'avez pas ces symptômes, cela ne signifie pas que vous avez une immunité de revenu ou des attaques d'énergie. Parfois, ils ne se sont peut-être pas manifestés, ou que vous êtes avec eux depuis si longtemps, que vous vous y êtes habitué.

Nous sommes tous vulnérables aux attaques énergétiques.

Certaines habitudes, dépendances et coutumes vous rendent plus vulnérable aux cordons d'énergie et aux attaques, vous rendant malade ou endommageant votre champ aurique, rechargeant votre énergie ou repoussant les agressions des esprits sombres.

Système d'immunité énergétique

Les chakras et le champ aurique font partie de notre système immunitaire énergétique et ont une relation proportionnelle avec le système immunitaire de notre corps.

Notre système d'immunité énergétique contrôle la façon dont nous interagissons énergétiquement avec les autres et l'environnement qui nous entoure, métabolisant l'énergie que nous absorbons pour nous protéger des attaques d'énergie ou du sabotage.

Les pyramides et les purifications énergétiques

Pendant des siècles, les pyramides mayas et égyptiennes ont capté l'attention du monde entier, étant pour la plupart une simple attraction touristique, mais aussi un champ de bataille entre les sceptiques présumés et les divers chercheurs. Tout cela génère une confusion croissante avec les questions parapsychologiques et mystiques mal interprétées par la désinformation qui prévaut dans ces domaines.

Les pyramides peuvent attirer l'énergie, augmenter la vitalité, combattre les mauvaises vibrations, attirer la prospérité, améliorer la santé et renforcer la vie spirituelle.

Cependant, vous devez sélectionner le bon matériau et la bonne couleur de la pyramide pour augmenter ses avantages.

Les pyramides fonctionnent comme un catalyseur, apportant en elles une énergie cosmique qui se condense et s'active, préservant tout ce qui est soumis à leur influence.

La pyramide de Khéops a exactement ces caractéristiques, de sorte que les pyramides utilisées dans l'ésotérisme reproduisent exactement ses mesures.

Certaines expériences ont confirmé que la préservation des momies était le résultat, en grande partie, de cette concentration énergétique. Certains chercheurs ont réussi à produire de véritables momifications avec des morceaux de viande qui ont été placés au centre de la chambre, située à la base d'une pyramide, comme si pour une raison magique il y avait une situation de vide total, et que l'air lui-même n'était pas présent dans la cavité de la pyramide.

L'oxygène, avec les bactéries qu'il transporte, produit la décomposition et, en l'absence d'oxygène et de bactéries, est considérablement réduit.

Dans certaines méthodes de guérison, on utilise des pyramides qui sont toujours construites en respectant le modèle original de la pyramide de Khéops, mais dont le matériau prédominant est le cuivre, en raison des propriétés thérapeutiques et ésotériques qu'il possède.

Vous pouvez recourir à l'utilisation de pyramides, en choisissant du verre ou du plastique, mais aussi du métal si vous le jugez nécessaire, à condition de respecter les mesures, et en suivant quelques méthodes de base très faciles à comprendre et à utiliser.

Tout ce qui se trouve à l'intérieur, ou sous une pyramide, pendant la phase de lune décroissante subit une sorte de décharge d'énergie ; Par conséquent, il sert à calmer et à éliminer la négativité.

Dans les périodes où la Lune est dans le premier quartier, ce qui se trouve à l'intérieur ou au-dessous d'une pyramide éprouve de la vigueur, donc augmente les énergies, et sert à la fois à se rapprocher et à la rendre plus active, agressive et pleine de force.

Matériaux de la pyramide

Cristal : C'est un excellent récepteur d'énergie et l'un des plus efficaces dans la guérison.

Cuivre : Capte les énergies négatives et les convertit en énergies positives. Nettoyer les environnements bondés.

Bois : favorise la méditation, la relaxation et est utilisé pour dynamiser les plantes.

L'or : Utilisé au niveau du cœur, il crée une sorte d'énergie positive, agit comme un bouclier protecteur.

Carton ou carton : c'est une pyramide polyvalente, elle sert à soigner les blessures, à méditer ou à dormir.

Aluminium : il convient au développement de la perception extrasensorielle et de la concentration.

Laiton : Il a des effets similaires à ceux de l'aluminium. Il facilite également l'acceptation et l'adaptation.

L'acrylique : Il a plusieurs applications dans la vie quotidienne, comme l'eau énergisante, les fleurs ou les fruits.

Cire : Peut-être allumée pour lutter contre les mauvaises énergies dans un environnement et attirer la chance.

Zodiaque : S'il est fabriqué avec la pierre qui représente chaque signe, il produit de grands avantages.

Les couleurs des pyramides

Rouge : Il est associé à la fluidité, à la santé et à la vitalité.

Orange : Favorise l'action, la joie et la force physique.

Jaune : stimule la créativité, augmente la mémoire, aide à éviter la peur.

Bleu : crée des états de paix, de compréhension, d'encouragement, d'intuition et de pureté.

Viola : De puissance et d'inspiration.

Rose : Évitez le stress, hindou ou sont et motivez à tendre.

Blanc : couleur qui représente la pureté et peut rehausser l'effet d'autres nuances.

Marron : Une nuance de fertilité qui nous rapproche de la terre mère et est associée à l'abondance et au progrès.

Vert : Stimule l'équilibre, la croissance personnelle et l'union avec la nature.

Recommandations importantes sur les pyramides

Les recommandations suivantes doivent être prises en compte :

- Ne laissez pas les pyramides traîner ou dans les appareils, elles peuvent déjà perdre leur énergie et leur valeur curative.

- À l'aide d'une boussole, localisez la pyramide avec l'une de ses faces tournées vers le nord.

- Vérifiez le type de sensation que vous ressentez lorsque vous utilisez des pyramides, en particulier lorsqu'il s'agit de santé. Si vous avez froid ou chaud, cela signifie que cela a un effet, mais si, par contre, vous avez des nausées ou un malaise général, il est prudent d'arrêter de faire de l'exercice et de le faire un autre jour.

Les pyramides ne fonctionnent pas :

- S'il veut blesser les autres.
- Si vous ne gérez pas correctement l'énergie universelle.
- Si vous n'êtes pas clair sur ce que vous voulez.

Comment purifier et attirer les énergies positives avec les pyramides

La maison est l'endroit où nous vivons et partageons du temps avec nos proches ; Par conséquent, nous devons renouveler l'énergie et éloigner les vibrations négatives.

Si vous souhaitez entamer un processus de renouvellement énergétique, et éloigner les mauvaises vibrations dans votre maison, vous devez d'abord faire un bon nettoyage.

Pour ce faire, vous devez fabriquer un encens naturel à partir d'écorces de citron, d'orange ou de mandarine (mais si vous ne le trouvez pas, vous pouvez allumer des bâtonnets d'encens en bois de santal, jasmin ou rose). Vous devez brûler en combinant quelques morceaux de charbon de bois dans un récipient en argile. Commencez de l'intérieur vers l'extérieur pour éloigner les énergies négatives.

De même, l'aromathérapie peut être utilisée en remplissant un flacon pulvérisateur d'eau et en ajoutant trente gouttes d'essence florale, comme le basilic, la lavande et la menthe. Vous devez aller dans tous les espaces de la maison et étaler le mélange dans tous les coins, en haut et en bas, ainsi que la ligne entre eux.

Ensuite, vous pouvez placer différentes pyramides, en fonction de la partie de la maison, afin que les énergies positives circulent.

Salle à manger : Placez une pyramide verte sur la table, en carton ou en acrylique, placez une photo de la famille et des pièces en dessous.

Salon : Vous pouvez placer une pyramide blanche de sélénite, ou vous asseoir sur le canapé, fermer les yeux et visualiser les personnes qui peuvent visiter la maison. Alors, imaginez que vous êtes dans une pyramide de verre et que tout le monde parle d'une manière chaleureuse, agréable, amicale et sincère.

Cuisine : Placez une pyramide rouge sur le poêle (qui n'est pas allumé) ou sur la table de la salle à manger. Mettez-y des pétitions positives. Par exemple : « Que ma maison ne manque jamais de bons plans et de succès. »

Chambre à coucher : Sélectionnez une pyramide en fonction de vos souhaits : **Rose : Pour** améliorer la communication avec votre partenaire. **Rouge :** Si vous voulez pimenter la sensualité et la passion. **Vert : Si** vous voulez améliorer les problèmes de santé et de bien-être. **Blanc :** teinte idéale pour tous les besoins. **Violet : favorise** la croissance spirituelle.

Bureau ou bureau : Placez une pyramide en bois et reposez-vous-en dessous pendant 15 minutes. Visualisez ensuite ce que vous voulez faire, par exemple, terminer vos études, faire une spécialisation, avoir plus de clients, etc.

Garage : Placez une pyramide en bois ou en carton peinte en vert ou en violet sur le toit de votre voiture pendant neuf nuits. En dessous, mettez une feuille de papier sur laquelle vous avez écrit vos vœux, par exemple : « Que ma famille et ma maison soient protégées des accidents, des vols et des dangers ».

À propos de l'auteur

En plus de ses connaissances astrologiques, Alina Rubi possède un riche parcours professionnel ; elle a des certifications en psychologie, hypnose, Reiki, guérison bioénergétique des cristaux, guérison angélique, interprétation des rêves et est instructrice spirituelle. Ruby a une connaissance de la gemmologie, qu'elle utilise pour programmer des pierres ou des minéraux et les transformer en puissantes amulettes ou talismans de protection.

Rubi a un caractère pratique et orienté vers les résultats, ce qui lui a permis d'avoir une vision spéciale et intégrative de divers mondes, facilitant les solutions à des problèmes spécifiques. Alina rédige des horoscopes mensuels pour le site Web de l'Association américaine des astrologues, vous pouvez les lire sur le site Web www.astrologers.com.

Actuellement, il tient une chronique hebdomadaire dans le journal El Nuevo Herald sur des thèmes spirituels, publiée tous les dimanches en format numérique et le lundi en format imprimé. Il a également un emploi du temps et l'horoscope hebdomadaire sur la chaîne YouTube de ce journal. Son Annuaire Astrologique est publié chaque année dans la revue « Diario las Américas », sous la rubrique Rubí Astrologa.

Rubi a écrit plusieurs articles sur l'astrologie pour la publication mensuelle « L'astrologue d'aujourd'hui », il a enseigné l'astrologie, le tarot, la lecture des mains, la guérison par les cristaux et l'ésotérisme. Elle a des vidéos hebdomadaires sur des sujets ésotériques sur sa chaîne YouTube : Rubi Astrologa. Son programme d'astrologie a été diffusé quotidiennement par Flamingo T.V., a été interviewé par diverses émissions de télévision et de radio, et chaque année, son « Annuaire astrologique » est publié avec l'horoscope signe par signe, et d'autres sujets mystiques intéressants.

Elle est l'auteur des livres " Riz et haricots pour l'âme » Part I, II et III, un recueil d'articles ésotériques, publiés en anglais, espagnol, français, italien et portugais. « De l'argent pour tous les budgets », « L'amour pour tous les cœurs », « La santé pour tous les corps », Annuaire d'astrologie 2021, Horoscope 2022, Rituels et sorts pour réussir en 2022, Sortilèges et secrets, Cours d'astrologie, Clés de la prospérité, Plantes magiques, Bains spirituels, Rire de la vie avant que la vie ne se moque de vous, Cours de tarot, Interprétation des bougies, Rituels et amulettes 2022, 2023, 2024 et Horoscope chinois 2023, 2024 tous disponibles en cinq langues : anglais, italien, français, japonais et allemand.

Rubi parle parfaitement l'anglais et l'espagnol, combinant tous ses talents et ses connaissances dans ses lectures. Il réside actuellement à Miami, en Floride.

Pour plus d'informations, visitez **le site Web de**

L'www. esoterismomagia.com

Bibliographie

Matériel tiré des livres « L'amour pour tous les cœurs », « La purification spirituelle et énergétique », « L'argent pour toutes les bourses » et « La santé pour tous les corps » publiés par l'auteur.